JN299752

新・保育内容シリーズ 5

谷田貝公昭［監修］

音楽表現

三森桂子［編著］

一藝社

監修者のことば

　平成16年に「保育内容シリーズ」（全6巻）が一藝社より出版され、お陰さまにて保育者養成を担う多くの大学、短期大学、専門学校等でテキストとして使用され好評を得た。しかしその後、保育関係の法規や制度等の大きな変更があり、新たなシリーズを刊行すべく多くの読者からの要望もあり、このたび、新制度に対応した新・保育内容シリーズ全6巻を刊行することとした。

　「保育内容とは何か」。現場の保育者たちはこの問題について改めて深く考えることもなく、保育雑誌等に掲載される記事などを参考にする程度で事足れりとしているのが現状のようである。そこで改めて保育内容の定義をするならば、「保育の目標を達成するために、文化の中から保育の教材として適しているものを選択・抜粋したもの」といえよう。

　今日、都市化、国際化、高度情報化、核家族化、少子高齢化、そして、女性の就労の増加や地域社会の環境の変化が進み、保育のニーズが多様化してきた。そうした背景の中で、幼稚園教育要領と保育所保育指針が平成20年3月に改定された。保育所保育指針は、昭和40年に当時の厚生省が、保育所の保育の向上と充実を図るためにガイドラインとして作成したもので法的拘束力はなかったが、今回の改定（平成21年4月施行）で、幼稚園教育要領と同様に大臣の「告示」となった。

　保育の内容は、幼稚園教育要領が平成元年に改正されたものと同じく5領域である。すなわち、「内容は、ねらいを達成するために指導する事項である」とし、幼児の発達の側面から、心身の健康に関する領域「健康」、人とのかかわりに関する領域「人間関係」、身近な環境とのかかわりに関する領域「環境」、言葉の獲得に関する領域「言葉」、感性と表現

に関する領域「表現」の5領域にまとめて、在園中に長期的な視野に立ってそのすべてのねらいと内容を総合的に達成することが期待されている。

　本シリーズは、現行の領域区分にのっとって、「健康」「人間関係」「環境」「言葉」および「表現」は「音楽表現」と「造形表現」とに分け、全6巻とした。また、各巻とも半期15回の授業を想定し、15章構成とした。

　執筆者は、これまで保育あるいはその近接領域の理論研究と実践活動に対して長年にわたり携わってきた斯界を代表するあるいは将来それぞれの分野を担う同学の士ばかりである。共同執筆にとって避けがたい欠陥として、論旨の統一や内容、表現の調整に不徹底のそしりは免れない。多方面からの厳正なご批判、ご叱正を賜れば幸甚である。

　本シリーズが、保育者を志す学生諸子と保育現場の保育者のために、その研修と教養の一助となれば、執筆者一同このうえない幸せとするところである。

　最後に、出版事情のよくない今日、本シリーズの趣旨を理解され、当初より全面的に協力推進していただいた一藝社の菊池公男社長と、編集の労を取ってくれた藤井千津子さんはじめ編集部の皆さんに、執筆者全員を代表してその労苦に深甚の謝意を表したい。

平成22年3月6日　啓蟄の日に

谷田貝 公昭

まえがき

　「幼稚園教育要領」および「保育所保育指針」が改定され、ここで示された音楽表現活動のねらいや内容を受けて、保育の現場においても音楽的活動場面における保育士の果たす役割が少しずつ変わってきている。
　まず、子どもを取り巻く大人が「音楽」をいかに楽しみ、子どもたちと共に音楽的活動をどう展開するかが大切となってきている。つまり、子どもたちの周囲の音楽的環境がいかに整っているかによって、幼児の音楽的発達が影響を受けることに、大人がしっかりと意識を持つことが大切である。
　次に、乳幼児期の音楽活動をさまざまに展開し、その時期にふさわしい音楽的経験を豊かにしてあげることが望まれる。そのための「子どもと音楽」にかかわる幅広い認識と、「音楽」に対する深い理解が求められる。特に乳幼児期の子どもたちと深くかかわる保育者にとっては、「子どもと音楽」に関する豊かな知識と感性を持つことが何よりも大切であり、その意識が必要である。
　本書は、将来、保育所や幼稚園、施設等で保育者として活躍しようとする学生を対象に、保育内容（表現）の中で特に音楽領域に関する内容を基礎から学び、理解し、自らの音楽表現力を高め、楽しめることを目指してわかりやすく丁寧にまとめたものである。
　子どもたちの音楽的表現力がより豊かに育つためには、まず保育者自身が豊かな表現力を身につけることが大切である。それに必要な音楽的知識を学び、感性を伸ばし、表現力をはぐくむための基礎的な内容を中心に本書は述べている。現在、保育者養成校で実際に指導している先生方に執筆をお願いし、内容も具体的な事例や教材としての資料をできるだけ紹介し、理解を促す工夫を心がけた。

また、子どもたちが音楽的な表現活動を展開する際の、保育者のよりよい援助のあり方について示唆を与えられることを願い、その内容をいっそう深め、「保育する」という視点から音楽をとらえる大切さを述べている。つまり、乳幼児期の日ごろの生活の中で「音楽」を遊びとしてとらえ、音楽的表現活動をさらに楽しく展開する工夫について、一人ひとりが考えられるよう配慮した。

　広くいろいろな「音楽」にさらに興味・関心を持って接することによって、大人も子どもも共に育つことを願う。その意味で、本書は保育者を目指す学生だけでなく、すでに保育現場で活躍されている方々、さらには、子どもを持つ親にとっても生き生きとした音楽表現活動を行い、楽しむための手がかりとして活用していただけることを期待している。

　「音楽」を通して大人も子どもも、「美しいもの」「優れたもの」「心を動かす出来事」に出会い、心から感動すること、そしてその感動を自己表現する意欲を大切に育てたい。また、自由に自己表現することによって、さまざまな表現に接して刺激を受け、さらなる豊かな表現へと結びつける過程を大事にしていきたい。

　本書をまとめるに当たり、お忙しい中、快く執筆をお引き受けくださった方々に感謝申し上げる。

　最後に、企画および編集にわたり常に協力推進していただいた一藝社の菊池公男社長、および編集担当の藤井千津子さん、日高香代さんに対して、心から感謝申し上げたい。

平成22年3月

編著者

もくじ

監修者のことば ……2
まえがき ……4

第1章 幼児教育における音楽 ……9
第1節　乳幼児期における音楽の意味
第2節　幼稚園教育要領「表現」
第3節　保育所保育指針のねらい・内容

第2章 幼児の成長と音楽的発達 ……25
第1節　年齢別における音楽的発達
第2節　年齢別における表現遊び
第3節　発達を見通した保育の実際

第3章 幼児を取り巻く音楽環境 ……43
第1節　環境としての音楽
第2節　幼児歌曲の特色
第3節　音楽を生かした保育の実際

第4章 幼児の音楽的活動とその援助のあり方 ……59
第1節　幼児の音楽的活動のあり方
第2節　音楽的活動としての手遊び
第3節　保育者としての援助のあり方

第5章 音楽的活動と他領域との関係 ……75
第1節　幼児教育をめぐる法令等の改正
第2節　幼児の音楽的活動と他領域との関係

第3節　楽しく遊ぶ中での学びを支えるために

第6章　歌う表現活動の展開例 …… 91

第1節　乳幼児の「歌う」とは
第2節　歌唱教材
第3節　歌唱指導の方法

第7章　楽器を弾く表現活動の展開例 …… 107

第1節　楽器を弾く表現活動の意義
第2節　幼児に適した楽器と奏法
第3節　アンサンブルへの援助の基本

第8章　聞く活動の展開例 …… 123

第1節　人と音との出会い
第2節　音を聞く活動の意義
第3節　聞く活動の実際の展開例
第4節　子どものための音楽の選び方
第5節　聞く活動の展開における留意点

第9章　身体を動かす表現活動の展開例 …… 139

第1節　身体を動かす表現活動とは
第2節　身体を動かす表現活動の目的
第3節　身体表現活動の事例
第4節　環境と援助のあり方

第10章　即興表現する活動の展開例 …… 151

第1節　子どもにとっての即興表現
第2節　音やリズムを感じる即興表現
第3節　即興表現から音楽へ
第4節　さらに豊かな即興表現のために

第11章　音楽的活動の計画と評価……167

第1節　音楽的活動の計画
第2節　音楽的活動の評価

第12章　いろいろな幼児音楽指導……179

第1節　リトミック
第2節　コダーイ
第3節　オルフ

第13章　保育者に必要な音楽的能力……191

第1節　楽譜上のいろいろな記号
第2節　リズム〈音価と拍子〉
第3節　旋律〈音程、音階、調〉
第4節　和音〈和音記号、コードネーム、和音〉
第5節　音楽的表現力

第14章　声楽の基礎……207

第1節　発声法とは
第2節　発声法の実際
第3節　表現の工夫

第15章　伴奏法の基礎……221

第1節　伴奏の基本
第2節　伴奏の工夫―その1
第3節　コードネーム
第4節　伴奏の工夫―その2
第5節　上級者の伴奏

資　料

保育者のための実践的な教材……235
知っておくと得する音楽理論の基礎知識……247

第1章
幼児教育における音楽

大沢 裕

この章では、幼児教育における音楽の位置づけについて考察することにする。まず、乳幼児期にとっての音楽の意義について述べる。次に、最新の幼稚園教育要領の領域「表現」の「ねらい」や「内容」、「内容の取扱い」について解説し、さらに保育所保育指針の領域「表現」の「ねらい」や「内容」について説明する。幼稚園教育要領と保育所保育指針の内容の多くが重なるので、保育所保育指針についてはその特徴、独自な点について簡潔に紹介していきたい。

第1節　乳幼児期における音楽の意味

1　文化としての音楽

　音楽は人を感動させる。大バッハ（Bach, J. S. 1685～1750）のカンタータは人を敬虔(けいけん)にする力を持っている。モーツァルト（Mozart, W. A. 1756～1791）のクラリネット協奏曲は、美しい旋律に浸る陶酔感を与えてくれる。ベートーヴェン（Beethoven, L. v. 1770～1827）の交響曲「英雄」やピアノ協奏曲「皇帝」は人に大いなる勇気を与えてくれる。またチャイコフスキー（Tchaikovsky, P. I. 1840～1893）のバレエ音楽は壮大な総合芸術の一つであることを感じさせる。あるいはシベリウス（Sibelius, J. 1865～1957）の交響詩は大自然の雄大さを思い起こさせる。音楽は、ときには感激の涙まで引き起こす。音楽は人間文化の華であり、音によって織りなされる偉大な芸術である。造形が空間を基礎としてなされる芸術であるとすれば、音楽は時間軸を基礎とした芸術である。

　しかし音楽は、一握りの選ばれた人間たちの享楽の手段ではない。音楽は高度な芸術であると同時に、日々の生活の中にあふれている、親しみやすい生活様式の一つである。テレビで覚え、つい口ずさんでしまう歌、懐かしい小学校で習った唱歌、鼻歌、口笛、これらも日常生活に潤

いを与えてくれるものである。

　私たちは幼い時から音楽に触れる。乳児のころから聞いた子守歌を大人になっても忘れない人がいるであろう。また保育所や幼稚園で、皆で楽しく歌ったり、合奏したりした経験を思い出す人もあるであろう。そして降園時にいつも流れる音楽が、実は偉大な作曲家の音楽であったりすることも、決して珍しいことではない。

2　幼児教育と音楽

　そもそも幼児教育にとって、音楽とはどのような意義を持っているのであろうか。音楽を教育に取り入れることの効果、それは古代ギリシアのプラトン（Plato 427～347B. C.）がすでに主張していることであった。古代から中世を経て近世に至り、ルソー（Rousseau, J. J. 1712～1778）やペスタロッチー（Pestalozzi, J. H. 1746～1827）は改めて、教育における音楽の重要性を指摘した。フレーベル（Fröbel, F. W. A. 1782～1852）は幼児教育として、リズムに合わせて身体を動かす活動の重要性に言及した。しかし、乳幼児期において音楽を教育の中に積極的に取り入れていく取り組みは、比較的新しい時代になされたことである。特に、ジャック＝ダルクローズ（Jaques=Dalcroze, E. 1865～1950）による「リトミック」の音楽教育法は画期的なものであった。こうした歴史的背景の中で、乳幼児期の音楽教育は展開してきている。

　もちろん私たちはまず、作曲者や作詞者の明確な、特定の音楽だけに対象を絞るのではなく、あらためて音楽の定義そのものを広くとらえていく必要がある。音楽は、リズム、メロディー、ハーモニーによって構成される。リズムは時間軸を整える根本秩序である。子どもは、すでに胎児の時から、母親の胎内においてその鼓動を感じ取り、リズムの中で心を安定させている。音楽の重要な働きの一つに、人の心を動かすことを挙げてよいとすれば、音楽の楽しみは子どもが胎内において生を受けるその瞬間から始まっていると考えることができる。

もちろん音楽には、音楽を聞いて楽しむ比較的受動的な側面と、歌を歌ったり、楽器を鳴らしたり、リズムに応じて身体を動かしたりする能動的な側面とがある。しかしこの両面は相反する側面ではなく、根源としては同じ体験に基づく。感動した音楽に触れると、人はそれを再現したくなる。自分で演奏した曲はまた自分でもじっくり聞き直してみたいと思う。実に音楽を表現しようとする態度と、音楽を楽しみ味わおうとしようとする姿勢は、表裏一体のものなのである。

　偉大な作曲家の音楽を聞く機会を与え、良いと認められた曲が子どもの周囲にあふれていることは、教育的環境としてとても大事なことである。すばらしいと感ずる音楽であればあるほど、自分でもやってみたい、まねてみたいとする意欲がわき出てくるからである。

　しかし他方では、子どもが発する言葉に抑揚がついていたり、リズム感を持っていることがわかったりすると、それが歌の原初的な形態であることに注目する必要がある。また、子どもが喜ぶ歌を保育者が選択し、歌ってみることは、子どもの能動性にいっそう拍車をかけることになる。あるいはまた、木やプラスチックの素材を互いに打ち鳴らし、その音に興味深く聞き入る子どもの中に、将来の演奏者としての人間の姿を認めることができる。

　音は、高さ、大きさ、音色、長さの次元で変化する。この音を子どもが「きれいな音」だと思っているかどうかを、保育者が確認することには困難を伴うと思われるかもしれない。それは音楽体験が心の最内奥でなされるものだからである。しかし、子どもの心身は一体である。心で感じたことはすぐ身体で表現することが、子どもの特徴である。子どもの様子を注意深く見守りながら、喜ぶ子どもの心を受け止め、音楽に対する感性、表現力を磨いていきたいものである。

　音楽は心の表出だといわれる。しかし、必ずしも音楽は、子どもの心情を育てるだけではない。子どもが音楽を体験するとき、メロディーを認識しようとする認知の力が働く。また声を出し、楽器を操作する中で、

身体の器用さ、手の巧緻性を高めていくことにもなる。音楽と取り組む子どもは、すべての力を使って楽しもうとする。音楽表現活動は、子どもにとっての「全我活動」なのである。すべての力を出し切って音楽に没入する活動からは、やがて意志力へとつながっていく集中力が養われていく。また子どもたちは、共に歌い、楽器を合奏する中で、互いに心を一つにして同じ目的に向かって努力する。音楽は、音楽固有の法則性に従わなければ、まとまったものとはならない。集団で音楽を積極的に楽しむ姿勢は、子どもの社会性を育てることにもつながっていくものなのである。音楽は、一人ひとりの個性を表しながら、他者と協調することで、より大きな感動をもたらしてくれる。

特に、予測しがたい未来に向かって子どもが生きるためには、特殊な事態にしか対応できない、特殊な対処法を身につけても意味がない。これからの世代の子どもにとって大切なのは、自分の未来を自分で切り開いていく感性、表現力、創造力であろう。そしてこれは「生きる力」を子どもが身につけることであり、音楽はこのために非常に有効な教育の内容なのである。

第2節 幼稚園教育要領「表現」

1 ねらい

それでは、幼稚園の現場ではどのような内容が求められているのであろうか。幼稚園教育は、文部科学省による幼稚園教育要領によって枠組みが定められている。この要領には、領域ごとの「ねらい」が記載されている。「ねらい」は、幼稚園修了までに育つことが期待される、生きる力の基礎となる心情、意欲、態度である。領域「表現」のねらいは、3つ挙げられている。

(1) いろいろなものの美しさなどに対する豊かな感性をもつ

　びっくりするもの、不思議だなと思えるもの、きれいだなと感ずるものに出会ったとき、子どもの心はときめき、揺れ動く。大人が何でもないと思えることでも、子どもが関心をひかれることは多い。それは、子どもの心が単純・無邪気であり、子どもにとって周囲の世界が目新しいものとして映るからである。純粋な感性は無限に伸びる可能性を秘めている。保育者は、心の動きに注目し、子どもの「心情」を成長させるように配慮しなければならない。

(2) 感じたことや考えたことを自分なりに表現して楽しむ

　自分で強く感じたことや考えたことは、誰でも他者に伝えたくなる。それは人間本性の一つの現れである。保育者は、子どもが環境とかかわり合う中で持ついろいろな気持ちを進んで周りの者たちに伝達し、自分の力で表現してみたいとする「意欲」が持てるよう、援助していかなければならない。

(3) 生活の中でイメージを豊かにし、様々な表現を楽しむ

　子どもは、周囲の環境に接し、他の子どもや保育者とともに過ごすことで、さまざまな体験をする。中でも、音と関連する体験、音楽体験は、子どもの中にだんだんとイメージを蓄積していく役割を果たす。子どもは音楽を聞けば、自分もそれをまねて表現してみたいと思うようになる。それは音楽への積極的な「態度」である。保育者は、さまざまな環境を用意しながら、子どもの音楽表現への姿勢を細やかに支援する必要がある。

2　内容

　このような「ねらい」を達成するための「内容」として、幼稚園教育要領には、保育者が指導する事項が8つ挙げられている。

(1) 生活の中で様々な音、色、形、手触り、動きなどに気付いたり、感じたりするなどして楽しむ

　子どもの周囲にある環境には、子どもに強い印象を与えるさまざまな刺激がある。子どもは、自然現象としての雨の音に耳を傾けたり、風の音に気づいたりする。環境は子どもの五感に同時に働きかける。これが直接体験の特徴である。そしてこれらの刺激を受けるのは、子ども一人ひとりである。

　日々の生活の中で五感による刺激を豊富に受ける体験をするうちに、その刺激の発信源である対象の性質、不思議さやおもしろさに、ますます子どもたちはひかれていく。そしてこれは、生活の中で守られているという安心感があるからこそ可能な体験なのである。不安な状況の中での非日常的な刺激は、かえって子どもに怖さ、恐れの感情を引き起こすことになるであろう。

　保育者は、子どもが五感をさまざまに使い、多様な刺激を受け、興味や関心を深めさせるにも、まずは子どもが安心できる状況を用意することが必要である。安心できてこそ、初めて子どもは音に対してじっと耳を傾けるのである。

(2) 生活の中で美しいものや心を動かす出来事に触れ、イメージを豊かにする

　子どもの生活は常に環境と共にある。そしてこの環境の中にあって、子どもはさまざまな体験を積み重ねていく。バラバラの体験ではなく、同じ種類の体験の積み重ね、あるいは子どもに強く印象を残す体験は、動的なイメージとして子どもの心の中に蓄えられていく。こうしたイメージが心に刻まれることで子どもは感性を鋭くし、また豊かな表現力の基礎を培っていく。子どもが環境とかかわる中で得た心の動きは、次の体験でも生かされ、それはさまざまな表現となって表れていくのである。

友達関係の中でも、子どもたちはさまざまな感情を持つ。遊びの中で、うれしさがこみ上げることもあるだろうし、逆に悔しさを感ずることもあるだろう。うれしいときには、子どもは言葉の抑揚によってうれしさを表現する。それはすでに一つの音楽表現である。逆に、悔しいときには、子どもの言葉は少なくなり、より小さなものになってしまうかもしれない。こうしたとき、保育者と共に歌う歌は、意気消沈した心を鼓舞する役割を果たす。悲しさや悔しさを歌によって吹き飛ばすという体験は、子どもに、より新しい段階の生き方を踏み出させることでもある。
　子ども同士が同じ体験をする中で、いろいろなイメージが共有されることは重要である。また、そのイメージが子どもの表現活動に表れるように、保育者は子どもに寄り添っていかなければならない。

(3) 様々な出来事の中で、感動したことを伝え合う楽しさを味わう

　子どもたちの日々の生活、遊びは新しい発見の連続である。子どもは未知の声や音を発見すると、それを保育者や子どもたちに喜んで伝えようとする。それは人間の本性に基づく活動である。人間には、新しいものを発見したら、それをぜひ他の人間と共有したいという衝動がある。もし、新奇なことが他者に伝わったとわかれば、子どもの喜びもまたいっそう深いものになるであろう。発見を共有する体験、それを繰り返すことで、子どもはますます他者に対して自分の心を開き、自分の気持ちを表現していくことであろう。
　このような機会を作り出すためにも、保育者は、子どもが発見し見つけてきたことを表現する場所・時間を作り、率直に自分の感じたことを表現する場面設定をすることが重要である。もしこうした機会が豊富になれば、子どもは自分の心を開くだけでなく、他者が発見したことを共感できる場面も増えることになるだろう。子どもたちが互いを認め合う機会は非常に重要である。ときには保育者自身が発見したことを、子どもたちの前で表現してもよい。伝え合う楽しさは、やがては音楽表現に

つながっていくものである。

（4）感じたこと、考えたことなどを音や動きなどで表現したり、自由にかいたり、つくったりなどする

　子どもは楽しいことがあると、歌を歌ったり、身体を動かしたり、手をたたいて喜んだりする。子どもは形式にこだわらず、子どもなりのやり方で喜びを表現しようとする。しかしこうした喜びの表現は、他者によって受け止められなければ、徐々に弱まってしまう。保育者や他の子どもが、その表現を受け止めることが重要である。こうした受け止めによって、子どもはますます表現の仕方を多様化していく。

　子どもの表現様式は、初めは素朴で未分化なものであるが、それから徐々に分化し、特定のやり方で表現することができるようになる。それが絵画、製作、音楽であったりする。このような方法で子どもたちが表現しようとする場合、子どもの発想の自由さを大事にし、形式にこだわらず、何よりもその子どもが「楽しい」と思えるような雰囲気を設定することが重要である。それには、子どもたちの発想の豊かさに共感すること、子どもの工夫が見られたならば、それを十分に認めることが大切である。一人ひとりの表現を個性の表れと受け止め、積極的に受容する必要がある。音楽表現やリズム運動の場合、子どもが興味・関心を持ったのであれば、すぐにそれを表現に移せるように、器材を用意したり楽器を置いておくなどして環境を構成していく意識が、保育者には不可欠である。

（5）いろいろな素材に親しみ、工夫して遊ぶ

　子どもの周囲には、表現するためのいろいろな素材があふれている。木片の感触を味わったり、それを打ちつけてみたり、あるいは落としてみたりとさまざまに扱いながら、子どもたちは遊ぶ。そうした素朴な活動から、今度はそれを自分の表現の材料として活用し、工夫することも

できるようになる。例えば、石と石をカチカチと鳴らす場合と、木片同士を合わせてみた場合、その音の違いに子どもは不思議さの感情を抱く。ひょっとすると子どもは、石と木を合わせてみた場合にはどのような音が出るかを確かめるかもしれない。子どもは廃品を素材として、ごっこ遊びに活用したりするが、単純に一つの素材だけでなく、いろいろな種類の素材を組み合わせ、遊びの中に取り込もうとする。子どもは遊びの中で素材の性質や特徴を知り、活用を始めるのである。

　保育者は安全に十分に注意しながら、そうした素材を使って子どもが表現活動ができるように、環境構成をしていく必要がある。子どもが素材や用具を選択できる余地を、ある程度残しておくことが重要である。子どもたちが音を楽しみ、表現する中で、素材の性質や特徴を知っていく過程こそが大事なのである。

(6) 音楽に親しみ、歌を歌ったり、簡単なリズム楽器を使ったりなどする楽しさを味わう

　子どもの身の回りには音楽があふれている。子どもには理解することの難しいクラシック音楽・現代音楽といったものまで、子どもの周囲にはある。子どもが音楽に親しむためには、子どもの心の波長に合った、発達過程に応じた音楽的環境を用意しておく必要がある。快い音色や、気持ちの落ち着く音楽に触れることによって、子どもは音に関心を示し、音楽を親しみあるものとして受け入れるようになる。単に音楽を聞くことのみならず、他の子どもたちと歌を歌い、音楽に合わせて身体を動かしたり、友達と一緒に踊ったりすることを通して、音楽はより積極的に体験できるものである。楽器を使った音の多彩さ・美しさは、きれいな音として子どもの心に浸透していくことになる。また保育者が手本を示すことで、子どもは単純なリズム楽器を使ったりすることができるようになる。うれしいときには元気よく、子どもは楽器をたたくであろう。楽器を使って音を出すことは、子どもにとって、ことのほかの喜

びである。また既知の曲のとおりに楽器を鳴らすこともまた、自分の気持ちを重ねて表現することである。

　積極的で主体的な姿勢は、何よりも子どもの表現を保育者がそのまま受け止めることから育っていく。大人の尺度で子どもの音楽表現を評価すると、子どもの表現活動を萎縮させることにもなりかねない。慎重な配慮が必要である。また子どもは今を生きているのであるから、現実生活から全く乖離(かいり)した音楽技巧の修練に力を入れすぎることは、望ましいことではない。

(7) かいたり、つくったりすることを楽しみ、遊びに使ったり、飾ったりなどする

　子どもには、描いたり、作ったりする衝動がある。通常、造形表現は音楽表現とは別個の活動であるかのように考えられやすい。しかし子ども自身の中で、それらが別個のものとしてあるのではない。歌を口ずさみながら描く、描きながら身体を動かすなどは、子どもによく見られる姿である。一連の活動を通じて、子どもの中にあるイメージは、ますます膨らみを見せ始める。音楽表現活動が総合的な活動として展開するためには、保育者の適切な助力が欠かせないのである。

(8) 自分のイメージを動きや言葉などで表現したり、演じて遊んだりするなどの楽しさを味わう

　子どもは、自分が興味を持った場面に出くわし、感動する出来事に遭遇すると、それを再現してみようとする。その典型的なものが、ごっこ遊びである。年齢が高くなれば、ごっこ遊びは劇遊びに発展していく可能性がある。劇遊びは総合的な表現活動であり、音楽や絵画、製作などとも関連している。子ども自身が口ずさんだメロディーが歌となり、音楽となり、また子どもが描き、作ったものを道具、舞台背景にして劇遊びが展開すれば、子どもの遊びもいっそう深まったものとなろう。いか

に緻密で正確に印象を再現できたかが問題ではない。表現活動を子どもの内面の表出ととらえることが大切である。そして何よりも、もっと遊びたい、もっと表現したいという子どもの意欲が高まることこそが重要なのである。これには、保育者やほかの子どもたちの理解や激励が必要である。人間同士の「共感」とともに表現活動はいっそう深まっていくのである。

3　内容の取扱い

　幼稚園教育要領では「表現」の「内容の取扱い」として、次の3点が配慮されるべき事柄として記述されている。

　第1は、豊かな感性とは、子どもにとって身近な環境とのかかわりの中で「美しいもの」「優れたもの」「心を動かす出来事」に出会い、そこで心から感動することによりはぐくまれるものであること、そしてそうした感動は、保育者や他の子どもと共に味わわれるべきものであり、その感動はさまざまな表現を通じて養われる、ということを明らかにした点である。

　第2は、子どもの自己表現のあり方に注目し、子どもの自己表現は大人が期待するものとは必ずしも同じではない可能性があり、子どもの素朴な表現様式を認め、特に、表現しようとする子どもの意欲を保育者は大事にしなければならない、ということである。子どもは自らの表現を保育者が受け止めてくれることにより、なおいっそう自己表現への態度を確固たるものとしていくのである。

　第3は、子どもの生活経験や発達はさまざまであるから、固定した達成度にこだわらず、子ども自身が表現に親しめるように、遊具、用具、道具を整備すること、またほかの子どもが表現したものにも接し、刺激を受けることができるように配慮し、何よりも、結果ではなく、子どもが自己を表現していく過程に十分に目を向けていかなければならない、ということである。

ちなみにこの第3点目は、新幼稚園教育要領で新たに付け加えられた部分である。

第3節　保育所保育指針のねらい・内容

1　改定の特徴

　保育所保育指針は、幼稚園教育要領と同じく、2008年に最新の改定を受けた。この改定は、厚生労働省告示であり、明確に法的拘束力を持つものになった。保育内容を把握するうえで重要なのは、今回の改定で、ねらい・内容が大幅に大綱化されたことである。保育所保育指針が大綱化されたということは、それぞれの保育所の特色が出せるように、幅広い余地を残したということである。特に、年齢別の細かな内容の撤廃は、年齢を基準とした達成度にこだわる保育の弊害をなくすには有効であろう。

　しかし大綱化されたということは、保育者のそれぞれの創意工夫が不可欠になったということを意味する。保育の計画（保育課程と指導計画）が、今後ますます重要なものとなるであろうことは間違いない。

2　保育の内容

　新保育所保育指針に記載されている「表現」に関する「ねらい」は、新幼稚園教育要領と全く同様である。しかし「内容」の方は、幼稚園教育要領が8項目であるのに対して、10項目に増えている。増えている項目は下記の(1)と(2)である。

(1) 水、砂、土、紙、粘土など様々な素材に触れて楽しむ

　子どもを取り巻く環境として、周囲には子どもが触れるさまざまな素

材があふれている。子どもはこうした素材に対してさまざまなかかわり方をする。特徴的なのは、こうした素朴な素材が子どもの能動的なかかわり方によっていかようにも変化し、環境として子どもに応答していく、ということである。子どもは変化したことの意外さに驚き、また不思議さを感ずる。大人なら、さほどでもないような事実に対して、子どもは無邪気にその気持ちを全身で表現する。また時間がたち、素材の特徴・性質がわかるようになると、その特徴や性質を生かすような工夫をする。水が流れる音が水量によって変化したり、砂場で砂を落とすとき、砂の上に落ちる場合と、バケツの上に落ちる場合とでは、微妙に音が変化したりすることに子どもは注目する。あるいはまた、新聞紙をくしゃくしゃに丸めるときに、その音に耳をそばだてる。子どもたちはこれらの素材を、何かあるものを作るための素材として扱うだけでなく、その音に注意を払うのである。これはとても小さなことのように思えるが、子どもの感性を育てる一つの機会であると考えなければならない。

　保育に携わる者は、こうした多様な素材に子どもが触れられるようにすることに配慮すべきである。また、ただ見守るだけではなく、ときには子どもと共に素材にかかわることによって、子どもの中にどのような感性がはぐくまれているのかを探る必要がある。また保育者として、上から目線で傍観するのではなく、子どもと共感していく姿勢が望まれる。

(2) 保育士等と一緒に歌ったり、手遊びをしたり、リズムに合わせて体を動かしたりして遊ぶ

　子どもは音楽を単に受容的に受け止めるだけではない。音楽が流れれば、それに合わせて身体を動かしたり、保育者が歌えば、それに呼応するように歌を歌ったり、あるいは保育者の行う手遊びに喜んで参加したりする。子どもは、保育者が歌う声や、保育者が出す音の響きや音色に心ひかれ、楽しもうとする。子どもにとってそうした音が親しみや関心のあるものであれば、自分でも同じようにしてみたいと、意欲を持つよ

うになる。したがって、保育者がどのような音楽を子どもに示すのかはとても重要である。季節に合わせた選曲も、保育者の手腕の見せどころであろう。

　しかし子どもが保育者と共に積極的に歌を歌い、リズムに合わせる場合でも、決して大人の尺度でその出来・不出来を評価してはならない。本来的には、子どもは誰でも音楽が好きなのであるから、子どもが保育者と同じように、喜んで表現したいという意欲をいかに持つかが重要なのである。

　以上のような2つの項目が付け加わっていることが、保育所保育指針の新しい内容の特徴である。しかしこの2つも、より低年齢の子どもから受け入れる保育所の特質を想定して付け加えられていると考えることもできるわけで、おおよそ幼稚園教育要領の内容と保育所保育指針の内容は、同一の中身を持っているととらえてよいであろう。

【参考文献】
　　Wilhelm Gebhardt, *Erziehung zur Musik*, Düsseldorf, Schwann, 1955.
　　Eduard Spranger, *Lebensformen*, Tübingen, Max Niemeyer, 1966.
　　梅本堯夫『子どもと音楽』東京大学出版会、1999年
　　民秋言編『幼稚園教育要領・保育所保育指針の成立と変遷』萌文書林、
　　　　2008年
　　文部科学省編『幼稚園教育要領解説』フレーベル館、2008年
　　厚生労働省編『保育所保育指針解説書』フレーベル館、2008年

第 2 章
幼児の成長と音楽的発達

仲野 悦子

幼稚園や保育所は、子どもたちにとって、一日の多くを過ごす生活の場である。朝のあいさつに始まりお帰りまで、それぞれの活動に合った音楽が日常的に取り入れられている。音楽の果たす役割は、ただ楽しくするだけではなく、他領域とともに、表現手段として、子どもの成長発達に大きく影響を及ぼしている。

第1節　年齢別における音楽的発達

1　領域「表現」から見た音楽

　2008年、幼稚園教育要領と保育所保育指針が改定された。特に保育指針は年齢別保育内容が大きく大綱化され、保育者は、実際に目の前にいる子どもの発達を十分観察したうえでの音楽活動が求められる。ここで、旧保育所保育指針の年齢別表現「内容」と比較しながら、音楽的な

表1◆「表現」の音楽に関する項目の新旧比較

新保育指針・教育要領	音楽に親しみ、歌を歌ったり、簡単なリズム楽器を使ったり（など）する楽しさを味わう。
旧保育指針3歳児	(2) 音楽に親しみ、聞いたり、歌ったり、体を動かしたり、簡単なリズム楽器を鳴らしたりして楽しむ。
旧保育指針4歳児	(2) 友達と一緒に音楽を聴いたり、歌ったり、体を動かしたり、楽器を鳴らしたりして楽しむ。
旧保育指針5歳児	(2) 音楽に親しみ、みんなと一緒に聴いたり、歌ったり、踊ったり、楽器を弾いたりして、音色の美しさやリズムの楽しさを味わう。
旧保育指針6歳児	(2) 音楽に親しみ、みんなと一緒に聴いたり、歌ったり、踊ったり、楽器を弾いたりして、音色やリズムの楽しさを味わう。

発達を考えてみる（**表1**）。

　旧保育指針では、年齢に応じて「友達と一緒→みんなと一緒」に活動したり「体を動かす→踊る」、楽器を「鳴らす→弾く」「楽しむ→味わう」と発達を見通した表現となっているが、新保育指針では小学校以降の学習の基盤の育成として、子どもの発達過程や連続性を踏まえた柔軟な取り扱いとしている。

　表現とは、意識的に内なるものを表に表すことであり、現れたそのものを言う、とされている。手段は言語・音楽・絵画・表情や身ぶりなど、さまざまであるが、コミュニケーションや豊かな感性をはぐくむためなど、子どもの成長発達に果たす役割は大きい。

2　子どもの音楽的発達

　表2は、6カ月未満から6歳までの年齢を、保育所保育指針に沿って8段階に分け、それぞれの段階における発達の主な特徴や、子どもの音楽活動、保育者の援助から、具体的な子どもの音楽的発達の特徴を見た。子ども一人ひとりに発達の差はあっても、年齢別の特徴を理解したうえでの保育計画である。まず、目の前にいる子どもの実態を把握することから始まり、目標とする活動を設定しなければならない。

表2◆子どもの音楽的な発達

年齢	発達の主な特徴 (保育所保育指針)	子どもの音楽活動	保育者の援助
おおむね6か月未満	●誕生後、母体内から外界への急激な環境の変化に適応し、著しい発達が見られる。 ●首がすわり、手足の動きが活発になり、その後、寝返り、腹ばいなど全身の動きが活発になる。 ●視覚、聴覚などの感覚の発達はめざましく、泣く、笑うなどの表情の変化や体の動き、喃語などで自分の欲求を表現し、これに応答的に関わる特定の大人との間に情緒的な絆が形成される。	♪胎内における振動や音(血流音や下界の音など)に対して反応する。 ♪新生児の無意識な手・足・首の動きが見られ、外界の音への反射的な動きがある。 ♪最初の音声表現は産声に始まる(声の高さはだいたい1点aくらい)。 ♪快音・不快音の聞き分けをする。 ♪身近な音楽に手足を動かして反応することがある。	＊子どもに優しく語りかけたり、楽しく歌いかけたりする。 ＊言葉を掛けながら音色のきれいな楽器や玩具などを鳴らすことにより、聞いたり、見たり、触ったりできる。 ＊玩具を身近に用意し、一緒に遊びを楽しみ、かかわりをもつ。 ＊CDなどを利用していろいろな楽しい音楽を聞き、一緒に親しむ。
おおむね6か月から1歳3か月未満	●座る、はう、立つ、つたい歩きといった運動機能が発達すること、及び腕や手先を意図的に動かせるようになることにより、周囲の人や物に興味を示し、探索活動が活発になる。 ●特定の大人との応答的な関わりにより、情緒的な絆が深まり、あやしてもらうと喜ぶなどやり取りが盛んになる一方で、人見知りをするようになる。 ●身近な大人との関係の中で、自分の意思や欲求を身振りなどで伝えようとし、大人から自分に向けられた気持ちや簡単な言葉が分かるようになる。 ●食事は、離乳食から幼児食へ徐々に移行する。	♪保育者の歌を楽しんで聞く。 ♪歌やリズムに合わせて手足や体を動かして楽しむ。 ♪気に入った音楽に耳を傾ける。 ♪音の出る玩具を見つけ、自分で音を鳴らして楽しむ。 ♪保育者やほかの子どもがしている音遊びを、同じようにまねて遊ぶ。 ♪テレビなどから流れてくる音楽に合わせて、手足や体を動かす。	＊保育者は日ごろの生活の中で、優しい歌声を豊富に聞かせる。 ＊CDやカセットテープなどを利用して、快い音楽を聞く機会を豊富にする。 ＊気に入った歌や音楽を繰り返すようにし、子どもに満足感を与える。 ＊保育者が子どもと一緒にできる音遊びを工夫し楽しむことにより、大人の動作を模倣する喜びを味わえるようにする。

年齢	発達の主な特徴 (保育所保育指針)	子どもの音楽活動	保育者の援助
おおむね1歳3か月から2歳未満	●歩き始め、手を使い、言葉を話すようになることにより、身近な人や身の回りの物に自発的に働きかけていく。 ●歩く、押す、つまむ、めくるなど様々な運動機能の発達や新しい行動の獲得により、環境に働きかける意欲を一層高める。 ●その中で、物をやり取りしたり、取り合ったりする姿が見られるとともに、玩具等を実物に見立てるなどの象徴機能が発達し、人と物との関わりが強まる。 ●大人の言うことが分かるようになり、自分の意思を親しい大人に伝えたいという欲求が高まる。 ●指差し、身振り、片言などを盛んに使うようになり、二語文を話し始める。	♪保育者と一緒に楽しく歌う。 ♪保育者と一緒に簡単な手遊びをして楽しむ。 ♪音楽に合わせてリズミカルに身体を動かしたりして遊ぶ。 ♪音の出る玩具などに興味を示し、いじったりして遊ぶ。 ♪好きな音楽を繰り返し聞いたりして楽しむ。 ♪興味のある歌の一節を不安定ながら歌ったりする。	＊保育者は、日ごろの生活の中で優しい歌声を豊富に聞かせたり、一緒に歌って楽しむ。また手遊び歌を利用しながら指や手足をリズミカルに動かすようにする。 ＊手に持ちやすい、安全な、音色の美しい玩具・楽器を身近な所に置く。 ＊CDやカセットテープなどを利用して、快い音楽を聞く機会を豊富にしたり、興味ある音楽を繰り返して聞かせるなど、子どもの状況を的確に把握し対応する。
おおむね2歳	●歩く、走る、跳ぶなどの基本的な運動機能や、指先の機能が発達する。 ●それに伴い、食事、衣類の着脱など身の回りのことを自分でしようとする。また、排泄の自立のための身体的機能も整ってくる。 ●発声が明瞭になり、語彙も著しく増加し、自分の意思や欲求を言葉で表出できるようになる。 ●行動範囲が広がり探索活動が盛んになる中、自我の育ちの表れとして、強く自己主張する姿が見られる。 ●盛んに模倣し、物事の間の共通性を見いだすことができるようになるとともに、象徴機能の発達により、大人と一緒に簡単なごっこ遊びを楽しむようになる。	♪保育者と一緒に全身や手指を使い、歌いながら手遊びを楽しむ。 ♪音楽に合わせて走ったり・身体を振ったりしてリズムを楽しんだり、保育者と一緒に表現して楽しむ。 ♪何度も聞く歌を自然に口ずさんで歌うことがある。 ♪音楽に合わせて楽器を鳴らし、音やリズムを楽しむ。 ♪気に入った音楽を何度も繰り返して聞いたり歌ったりすることを好む。	＊模倣やごっこ遊びの中で、保育者は一人ひとりの気持ちを受け止めて、仲立ちや援助することにより、遊びや音楽活動を発展させる。 ＊日常の保育の中で子どものつぶやきやしぐさを的確にとらえ、一緒に共感しながら表現する。 ＊大きな声・無理な発声には注意し、正しく、美しく聞こえるようにうながす。 ＊子どもの好きな、優しい歌を何度も繰り返しながら一緒に歌う。

第2章◆幼児の成長と音楽的発達

年齢	発達の主な特徴 （保育所保育指針）	子どもの音楽活動	保育者の援助
おおむね3歳	●基本的な運動機能が伸び、それに伴い、食事、排泄、衣類の着脱などもほぼ自立できるようになる。 ●話し言葉の基礎ができて、盛んに質問するなど知的興味や関心が高まる。 ●自我がよりはっきりしてくるとともに、友達との関わりが多くなるが、実際には、同じ場所で同じような遊びをそれぞれが楽しんでいる平行遊びであることが多い。 ●大人の行動や日常生活において経験したことをごっこ遊びに取り入れたり、象徴機能や観察力を発揮して、遊びの内容に発展性が見られるようになる。 ●予想や意図、期待を持って行動できるようになる。	♪自分の意志で歌ったり、身体で表現したりして楽しむ。 ♪歌のメロディーを覚え、ゆっくりであるが歌詞もはっきりと歌える。 ♪簡単なメロディーを即興などに口ずさむことがある。 ♪一人で喜んで歌う。 ♪擬声などの言葉遊びを楽しむ。 ♪音の出る楽器などに興味を示し、いじったりして遊ぶ。	＊心身ともにめざましい発育・発達を示すが、自分をうまく表現できないこともあるため、一人ひとりの発達に目を向けた丁寧な対応が必要である。 ＊さまざまな音の素材・楽器などを身近に置き、音を楽しんだり、メロディーに合わせてリズムを打ったり、いろいろな動きをまねて表現する活動を発展させる。 ＊音楽活動の萌芽の時期でもあるので、一人ひとりの子どもの興味や自発性を大切にし、表現しようとする意欲をより引き出すための絵本や手遊び歌などで、興味を持ったことを一緒に共有しながら遊ぶようにする。
おおむね4歳	●全身のバランスを取る能力が発達し、体の動きが巧みになる。 ●自然など身近な環境に積極的に関わり、様々な物の特性を知り、それらとの関わり方や遊び方を体得していく。 ●想像力が豊かになり、目的を持って行動し、つくったり、かいたり、試したりするようになるが、自分の行動やその結果を予測して不安になるなどの葛藤も経験する。 ●仲間とのつながりが強くなる中で、けんかも増えてくる。その一方で、決まりの大切さに気付き、守ろうとするようになる。 ●感情が豊かになり、身近な人の気持ちを察し、少しずつ自分の気持ちを抑えられたり、我慢ができるようになってくる。	♪身体表現においては全身のバランスも良くなり、リズミカルに歩いたり、スキップやダンスもできる。 ♪歌う意欲が盛んになり、みんなでそろって歌うことを好む。 ♪動きを伴って音楽を聞くことができるようになったり、リズミカルに楽器を演奏できるようになる。 ♪簡単な歌を遊びながら作ったりする。 ♪音楽的能力も発達し、正しいリズムや音程も理解できる。 ♪強弱の比較、テンポの変化にも対応ができる。 ♪手や指の運動はより巧みになり、手遊び歌なども仲間と一緒に楽しむ。 ♪メロディーやリズムに気をつけて楽器を鳴らしたり、合奏を楽しむ。	＊友達との関係や集団生活の展開に留意する。 ＊CDやカセットを利用しながらいろいろな音楽を鑑賞したり、音楽に合わせて一緒に動きを付けてみる。 ＊保育者自身が音楽を楽しみ、生活態度もリズミカルであり、音に対して敏感であることが大切である。 ＊生活の中に歌・手遊び・楽器など素材を豊富にしておくとともに、仲間と一緒に活動できるように配慮する。 ＊表現する意欲や創造性を豊かに育てるために、視聴覚教材や絵本などをたくさん見たり聞いたりして、イメージを広げる経験を多く取り入れる。

年齢	発達の主な特徴 (保育所保育指針)	子どもの音楽活動	保育者の援助
おおむね5歳	●基本的な生活習慣が身に付き、運動機能はますます伸び、喜んで運動遊びをしたり、仲間とともに活発に遊ぶ。 ●言葉により共通のイメージを持って遊んだり、目的に向かって集団で行動することが増える。 ●遊びを発展させ、楽しむために、自分たちで決まりを作ったりする。 ●自分なりに考えて判断したり、批判する力が生まれ、けんかを自分たちで解決しようとするなど、お互いに相手を許したり、異なる思いや考えを認めたりといった社会生活に必要な基本的な力を身に付けていく。 ●他人の役に立つことを嬉しく感じたりして、仲間の中の一人としての自覚が生まれる。	♪音楽的要素（音の高低・強弱・速度・拍子など）を身体で感じ取ることができ、歌う、楽器を弾く、身体で表現するときにうまく取り入れることができる。 ♪身体的運動も無駄がなくなり、音楽に合わせて表現することができ、自分の思いや考えを表すことがうまくなる。 ♪自由表現するときは、表現の仕方を工夫したりする。 ♪仲間と一緒に活動するときはなるべくそろえるように気をつけ、自分のパートを間違わないように気を配り、表現することの楽しさを理解し始める。 ♪テレビのアニメソングなどをよく覚え、楽しく歌える。	＊子どもたちの表現しようとする気持ちを大切にし、個々の表現を認める。 ＊みんなで一緒に表現するために、相手の表現を容認し合い、協力し合って作り出す喜びを感じさせる。 ＊生活の中でさまざまな音に注意を向けさせる。 ＊友達などの表現を見たり、良い音楽を鑑賞させたりして、やりたくなるように環境を整える。 ＊リズム楽器など合奏することの楽しさを感じさせるために、楽器の弾き方指導や興味の持てる曲の紹介などに配慮する。
おおむね6歳	●全身運動が滑らかで巧みになり、快活に跳び回るようになる。 ●これまでの体験から、自信や、予想や見通しを立てる力が育ち、心身ともに力があふれ、意欲が旺盛になる。 ●仲間の意思を大切にしようとし、役割の分担が生まれるような協同遊びやごっこ遊びを行い、満足するまで取り組もうとする。 ●様々な知識や経験を生かし、創意工夫を重ね、遊びを発展させる。 ●思考力や認識力も高まり、自然事象や社会事象、文字などへの興味や関心も深まっていく。 ●身近な大人に甘え、気持ちを休めることもあるが、様々な経験を通して自立心が一層高まっていく。	♪歌うこと、合奏すること、身体で表現することも自分の思いのまま発揮でき、楽しむ。 ♪合奏するときにも自分のパートに責任が持てる。 ♪好きな曲を1人で歌ったり、友達同士一緒に歌うことがある。 ♪動きがとてもリズミカルになり、いろいろなリズムを身体で表現しながら歌うこともできる。	＊表現しようとする意欲を持たせるための音楽環境を整え、保育者自らも楽しむ。 ＊友達とのかかわりがスムーズに流れるように、一人ひとりの状況を確認し認める。 ＊リズム楽器など、ある程度の数を保育室に置いておき、自由に使えるようにしておく。 ＊CDやカセットテープなどの使い方を理解させ、自由に利用できるようにしておく。

第2節　年齢別における表現遊び

1　基本的な動き

　子どもたちの活動は、常に音や音楽を感じながら楽しむことが多い。動きの中にはさまざまなリズムがあり、音楽的要素と運動的要素を一緒に意識的に取り入れることによって、活動がよりわかりやすくダイナミックになる。動物に変身する模倣遊び、手遊びや忍者ごっこなど、動きを変化させることによりメリハリが生まれ、同じ遊びにおいても年齢に応じた活動に発展させることができる。

(1) 運動的（動き）要素
　①移動する動き
　　・歩く　　　走る　　　跳ぶ　　　スキップする
　　・はう　　　転がる　　滑る
　②その場で固定した動き
　　・曲げる　　伸ばす　　縮む　　　しゃがむ　　寝る
　　・揺する　　ねじる　　こする　　振る　　　　回す
　　・たたく　　突く　　　ける　　　跳ぶ
　　・押す　　　引く　　　しがみつく
　　・緊張する　脱力する
　③移動を伴った動き
　　・歩きながら跳ぶ　　　　　歩きながら手を回す
　　・走りながら手をたたく　　走りながらスキップする
　　・すり足で歩く　　　　　　すり足で走る

(2) 音楽的要素

①リズムパターン（音符と休符の組み合わせ）
　・同じ音符の連続
　・同じ音符と休符の組み合わせ
　・いろいろな音符や休符の組み合わせ

② 速度
　・ゆっくり　　　　　　普通　　　　　　　速く
　・だんだんゆっくり　　だんだん速く
　・急にゆっくり　　　　急に速く　　　　　急に止まる

③ 強弱
　・すべて強く　　　　　すべて弱く
　・部分的に強く　　　　部分的に弱く
　・だんだん強く　　　　だんだん弱く
　・一部のみ強く（アクセント）

④ 拍子
　・2拍子（強・弱）
　・3拍子（強・弱・弱）
　・4拍子（強・弱・中強・弱）

2　年齢別表現遊び

　表3に、3歳から6歳までの年齢に沿ったさまざまな表現遊びを取り上げてみた。それぞれの年齢を第1期（導入段階）・第2期（習得段階）・第3期（熟達段階）とし、表現遊びでは、リズム遊び、わらべ歌、手遊び、歌を伴う遊び、表現遊びに分け、音楽と動きを取り入れた年齢別表現遊びの具体的な事例を取り上げた。動きを発達段階で追いながら教材を検討することは、保育者として大切なことでもある。

表3◆年齢別表現遊び

表現遊び	3〜4歳			
	第1期（導入段階）	第2期（習得段階）	第3期（熟達段階）	第1期（導入段階）
主な運動の発達	・曲を聞いたり歌ったりしながら体でリズムが取れる	・手を打ったり足を動かしたりして簡単なリズムが取れる	・音楽に合わせて2列になって歩くことができる	・音楽に合わせて自由に表現する
リズム遊び	小さくなあれ（高低） 「小さくなあれ」で体を徐々に小さくし「大きくなあれ」で徐々に大きくなる	汽車ポッポ（速さの変化） 発車ポーで走り出し徐々にスピードを上げ、「もうすぐ駅です」で徐走し止まる	ボクは運転手（運動の停止） ピアノのテンポを速めて弾き、途中運転手はストップの合図で止まり、また動き出す	音に合わせて 強い音は力強く大きい動作、弱い音は弱く小さい動作、速い音は小さい歩幅で速く、遅い音は反対にする
わらべ歌	ひらいたひらいた 友達と手をつないで輪になり、つぼんだり開いたりする	かごめかごめ 円陣を作り、中に鬼を入れて回り、鬼は後の人の名前を当てて遊ぶ	いもむしごろごろ 3〜4人でしゃがんで列を作り、前の人の肩に手を当てて歌を歌いながら歩く	なべなべそこぬけ 2人組になって、両手をつないで歌いながら振ったり、背中合わせになったりする
手遊び	1本指であくしゅ くるくる回しながら1本から5本まで指を増やして打ち合わせる	トントントンひげじいさん トントントンでリズムを整え、動きをつける。ほかのいろいろなバージョンも取り入れて楽しむ	頭・肩・ひざポン 体の一部を確認しながらリズムに合わせて行う。速度を変えて行う	カレーライス カレーライスの材料を、2組で掛け合いながら動きをつけて軽快に行う
歌を伴う遊び	ぶんぶんぶん 歌詞に合わせてハチになったり花になったりする	おはながわらった 「笑った」を替え歌にして、泣いたり、怒ったり表情豊かに体で表現する	大きなタイコ 歌に合わせて、動作を大きくしたり小さくしたり音の強弱感を体で表現する	あくしゅで今日は 歌に合わせて2人組で握手したりお話したりして仲よく表現する
表現遊び	初歩的段階：特徴をとらえて、断片的な動きを一人で繰り返して表現する			やや進んだ段階：
	＊知っている歌や曲に合わせて表現する ・ちょうちょう ・ぞう ・かえる ・さる ・みつばち ・いぬ	＊「〇〇さんになりましょう」と指示されたものを表現する 高低、強弱、遅速など対立要素を加える 動物園：うさぎーへびーごりらーりすーかめーきりん	＊きっかけを与える「〇〇は何でしょう」 自分がイメージしたものを表現するよちよち・ドシーンドシーン・コロコロコロコロ・ヒラヒラ・ピョンピョン・ほかには？	＊きっかけを与える「〇〇になりえましょう」 2人組で表現する ・花とちょうちょう ・たこと子ども ・こぶたとおおかみ ・どんぐりとどじょう

4～5歳		5～6歳		
第2期（習得段階）	第3期（熟達段階）	第1期（導入段階）	第2期（習得段階）	第3期（熟達段階）
・リズムに合わせていろいろな動きをする	・曲の感じを動きで表現する	・CDを聞いて感じたことを話し合い、それを体で表現する	・感じたことを体で表現したり、リズミカルな集団遊びを楽しむ	・感じたこと考えたことを友達と話し合い、一つの作品を表現する
リズムに合わせて 音楽に合わせて歩く、駆け足、スキップをして好きなところへ行く。音が止まったら、いろいろな形のものになる	ポーズごっこ 2人組でAとBを決め、Aが駆け足をしてポーズ。次にBがAの側に行き同じポーズや反対のポーズをする	緊張と弛緩 溶けていくアイスクリーム、大きな木や小さな実、大小、長短、だんだん大きくなる、小さくなる、などの動きをする	水遊び プールで水太鼓をしたり、ウサギ、カエル、ペンギン、ワニ、イルカ、ラッコなど、さまざまな動物に変身する	ボール遊び リズムに合わせてボールを高く低く投げ上げる（音の長短）。また、2人組やグループでボールを使った遊びを楽しむ
あぶくたったにえたった 歌で言葉のやりとりをしながら、鬼ごっこ遊びをする	竹の子一本おくれ 竹の子とそれを抜く子に分かれて対話的に歌い、引っ張る	おちゃらかホイ 2人で向かい合って手を打ち合わせ、ジャンケンをして勝ち負けで身ぶりを変える	花いちもんめ 2列に分かれ、言葉のやりとりをしてジャンケンで勝敗を決めて遊ぶ	竹やぶの中から 2人で両手の手のひら打ちをする。ヒョーロヒョーロなどの動きを入れたり上下に速く回したりしてジャンケンをする
グーチョキパーで何つくろう グーとチョキとパーでできる動作や形を、イメージを膨らませて考え楽しむ	ら・ら・ら 右手・左手・両手と変化させて、リズムに合わせて動く	キャベツのなかから 絵本「はらぺこのあおむし」から手遊び・歌遊びへ発展させ、お話を楽しむ	ねずみのもちつき つく人・こねる人のペアで、息の合ったおもちつきの様子を表現する	だいくのキツツキさん 大工さんの変化する動きや拍子の変化に注意しながら歌に合わせて動く
むすんでひらいて 「その手を上に」、「横に」、「下に」で、星・飛行機・ボートなどになって表現する	大きな栗の木の下で 円陣を作ってみんなで動作する。途中で速度を速くしたりゆっくりしたりする	セブンステップ 2人組で、歌って踊りながら数を数える	動物村のポンポコバス ポンポコバスの運転手になって、グループで移動したりしながら動きを表現する	きのこ 歌を歌いながらきのこの様子を表現する。歌うだけではなく、みんなできのこをイメージしながら動きを考える
特徴を多くとらえて、断片的な動きを一人または2人で表現する		進んだ段階：特徴を一つとらえて、断片的な動きを一人またはグループで質的に変化させて表現する		
＊きっかけを与える「トントンどなたです」「私は〇〇です今日は……」のところに好きなものを入れて表現し、ほかの子はそれをまねする	＊物語形式で展開する ・ちょうが散歩して、くもの巣にひっかかる ・魚が釣られて甲板に投げ出され、はねる ・いがぐりを取ってチクチクする	＊個人や集団の動き おもちゃ屋・魚屋・八百屋・パン屋の品物をグループで表現する	＊個人と集団の動き 舟と波、魚と釣人、飛行機と雲など、関連し合いながら表現する	＊集団対集団の動き 汽車と風景、魚と川、遊園地と子ども、動物園と子どもなど、グループで表現し合う

（〔井上ほか、1997〕p18をを基に作成）

3 リトミックについて

　音楽的要素と運動的要素を取り入れた代表的な音楽教育法の一つであり、技能の習得の前段階として、幼児期教育に多く活用されている「リトミック」について紹介する。

(1) リトミックとは

- スイスの作曲家、音楽教育家エミール・ジャック＝ダルクローズ（Jaques=Dalcroze, E. 1865～1950）によって提唱された音楽教育法である。
- 子どもたちに音楽的基礎能力を育てながら、集中力、反射反応力、積極性、直観力、記憶力などの力を養うことをねらいとしている。
- リズムだけではなく、イメージしやすい音楽（メロディーやハーモニー）を加えることによって、子どもに表現しやすくしている。
- 幼児期の音楽教育は、演奏技術の向上を目指すのではなく「身体で感じること」から始めるとし、音楽を聞く、歌う、演奏する、作るといった活動をリズム運動（身体を動かす経験）を通して感じ取る。
- 音楽に合わせて決められた動きを間違わないように踊る遊戯とは異なり、リトミックでは表現の仕方や動きに創造的で自由な表現を求めている。

(2) 主な指導内容の実際

- 即時反応……音楽の変化を聞き取り、あらかじめ決められた動作で行動する。主に自然、生活、動物からテーマを選択し、音楽に合った表現を行う。
- 基礎リズム……2分音符、4分音符、8分音符などのリズムカードを利用してリズム表現やステップを行い、2拍子、3拍子、4拍子へと進む。

- 音の高低、強弱、遅速……リズム運動の中で感じる。
- リズムパターン、リズムカノン……基礎リズムの組み合わせによりフレーズを感じたり、一定の時間をずらし、追いかけていく。
- 遊び歌……音楽的要素を意識的に歌遊びの中で見つけて行う。

　日常における「話す ⇔ 読む ⇔ 書く」活動は、音楽において「歌う ⇔ 弾く ⇔ 動く」活動となる。保育者は、まず自分の身体を楽器ととらえて、歌いかけることを通して、音楽の楽しさを子どもたちに伝えていきたい。

　リトミック教育をはじめとする多くのリズム遊びの活動では、音楽は決められておらず、即興演奏で行われることがある。保育者は幼児歌曲だけではなく、その場その場に対応できるリズム曲も教材として準備する必要がある。

第3節　発達を見通した保育の実際

1　3歳未満児を対象とした保育事例

　この時期の子どもたちの身体的・運動的機能の発達は著しく、毎日の保育の中で一人ひとりの成長を感じることができる。保育者は楽しく歌いかけたり、音楽に合わせて手足をリズミカルに動かしたりするなど、子どもの好きな曲・わかりやすい動きを日ごろから繰り返しながら一緒に楽しむことが求められる。さまざまな動きを交えた表現遊びを楽しむ保育を紹介する。

〔事例1〕表現遊びを楽しもう！

※手作り玩具（ハンドル）を使って
バスにのって ゆられてる ゴーゴー
♪バスにのって

※友達と一緒に
1本指で拍手～
♪くるくるくる

※楽器を使って
♪おもちゃのちゃちゃちゃ
むすんでひらいて

※CDに合わせて
♪パンダ うさぎ コアラ

※手袋シアター
♪おはながわらった
歌に合わせて演じる

〈ねらい〉
言葉がしだいに豊かになり、さまざまなことを表現する力も付いてきた。自然に音を楽しむ環境づくりをしながら、身近な歌や表現遊びを楽しむ。

〈子どもの様子〉
子どもたちの喜びそうな歌を毎日歌いかけたり、CDなどで曲を流すと、うれしそうに自然に口ずさみながら体を動かしている。

〈保育のポイント〉
言葉の発達が著しい年齢である。正しい、はっきりした言葉を使うことで、言葉の獲得や表現を豊かにすることにつなげる。

〈保育者の援助〉
できるだけ子どもたちが親しみやすく覚えやすい曲を選ぶ。保育者が日常の保育の中で自然に歌いかけたり、動きのある活動を多く取り入れる。

2　3歳以上児を対象とした保育事例

　運動機能が伸び、話し言葉も豊かになっていく年齢である。友達とのかかわりを通して仲間の一人としての自覚が生まれ、共同遊びやごっこ遊びなどの体験からさまざまな知識や感情が育ち、自立心が育つ年齢でもある。運動遊びから"わらべ歌"を教材に発展した保育を紹介する。

〔事例2〕わらべ歌遊び

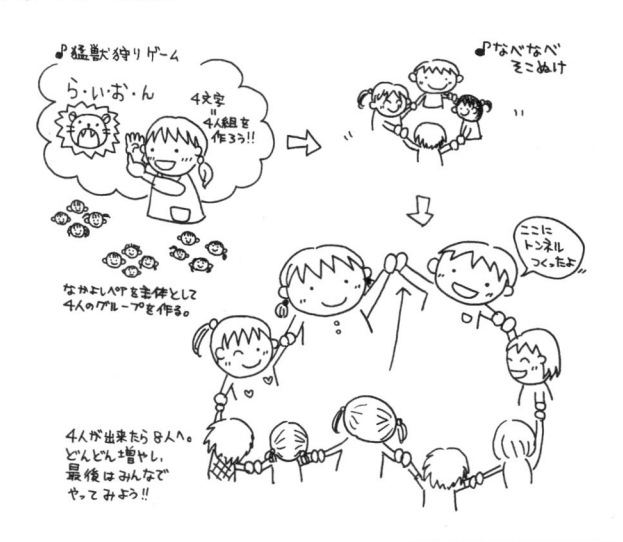

〈ねらい〉
週1度の異年齢児交流「なかよしデー」を通して、遊びや活動の中で異年齢の友達同士のかかわりを深める。

〈子どもの様子〉
3歳以上児を対象に、異年齢のどの子とも手をつなぐことができ、意欲的に参加していた。リズム遊びから"なべなべ底抜け"につなげた活動では、年長児がリードする姿が見られた。

〈保育のポイント〉
リズム遊びを通して、異年齢同士または多人数で遊ぶ楽しさを伝える。

〈保育者の援助〉
スムーズにかかわれないペアに対し、保育者が仲立ち役となり少しずつ関係を築いていく。遊びでは人数を多くした場合に、"ぐるりと回す"動作をどのようにしたら上手にできるかを考えさせたり、わかりやすく説明をする。

3　異年齢児を対象とした保育事例

　保育を行う形態として、主に年齢別保育と縦割り保育がある。それぞれの活動に応じて、個々であったり、グループを組んだりしながらその場その場に応じた保育が計画されている。年齢別であっても、クラスには4月生まれや約1年後の3月生まれの子どももいる。また、個々の子

どもによっては発達の差が見られることにも配慮しながら、子ども同士のかかわりから育つ「共に生きる」関係において"生きる力"を培っていく保育でもある。夏ならではの活動であるプール遊びから、3・4・5歳児を含む異年齢の子どもを対象にした保育を紹介する。

〔事例3〕水遊び楽しいな！

〈ねらい〉
夏ならではの水遊びを通して異年齢児との交流を楽しむ。

〈子どもの様子〉
4・5歳児は水に顔をつけたり、バタ足で泳げるようになり自信もついてきた。その中で水を怖がる3歳児に対し、手を差し伸べたり、背中に乗せてワニ歩きをしたり、水の掛け合いのときには、後ろを向かせ背中に掛けたりする、5歳児の優しい姿があった。

〈保育のポイント〉
各年齢ごとに水に対する抵抗感が違うため、どの年齢の子どもでも楽しめるような遊びを取り入れる。（水の掛け合い、水鉄砲、トンネルくぐり、ワニ歩き、カエル・ウサギ跳びなど）

〈保育者の援助〉
水を怖がる3歳児もいるということを、事前に5歳児に知らせる。いろいろな遊びを取り入れる中で言葉掛けや歌い掛けを行い、水の抵抗感をなくすようにする。

【参考文献】
　井上勝子ほか『からだによる表現』ぎょうせい、1997年
　岩崎光弘『リトミックってなあに』ドレミ楽譜出版社、1997年
　下田和男・西村政一編著『幼児の音楽と表現』建帛社、1990年

第 3 章

幼児を取り巻く音楽環境

仲野 悦子

幼児教育は環境を通した教育であるとされている。環境といってもさまざまであるが、大きく分けるとすれば、物的環境と人的環境を挙げることができる。しかし、物的環境といってもあくまでも大人が子どもたちのために良かれという思いで考え出したものである。保育の場における保育者の資質は、環境という視点からも問われることになる。

第 *1* 節　環境としての音楽

1　音楽活動を中心とした年間計画

　5月のさわやかな早朝、まだ生活音が聞こえない時間。朝の気持ちのよい空気と、ヒヨドリであろうか、小鳥のさえずりが耳に心地よく響いてきた。よく耳を澄まして聞いていると、2羽の小鳥のさえずりには、お互いに何かを伝えようと会話しているかのようなやり取りがあった。その中にはリズムがあり、ピィーピピピィー・ピィーピピピィー（♩♫♩・♩♫）、ピピピピピィー（♬♩）などさまざまな鳴き声が聞き取れ、ひとときを楽しませてくれた。このように身近な日常の生活の中にさえ、音楽の基本的な要素であるリズム・音色・ハーモニーを感じ取ることができる。まして、保育者が意図的に音楽を取り入れた場合は、それによって、子どもの遊びや活動はよりわかりやすく、よりダイナミックに展開できるのではないだろうか。

　ここに、四季を通して子どもたちに親しんでほしい幼児歌曲「歌遊び年間計画」を紹介する（**表1**）。この年間計画は、生活の歌、遊び歌、リズム体操、楽器の4つの活動に大きく分けてある。

(1) 生活の歌（行事や日常生活による活動に関する歌）

　生活の歌は、大きく3つに分けて選曲されている。

①行事などを中心にした活動の歌
　②子どもの日常生活や遊び活動に関係する歌・季節感のある歌
　③3歳未満児向けに歌ったり、身体で表現しやすい歌

　幼児歌曲は、子どもの日常の活動を直接歌のテーマにしたものが多く見られる。『おはようのうた』や『おかえりのうた』などあいさつの代わりとして歌ったり、『水遊び』や『しゃぼんだま』など本来の遊びの中に歌が加わることで、活動がより豊かになったりする。また、保育においても、日本の文化の継承として『まめまき』、園の行事として『うんどうかい』、記念日として『とけいのうた』など、行事に参加する気持ちを歌に託して取り上げている。季節感を感じさせる歌として、『はる』や『まっかなあき』などがある。『ちょうちょう』『豆まき』『水あそび』などは100年以上親しまれ、親から子へと歌い継がれており、日本の代表的な歌の一つとなっている。

(2) 遊び歌（わらべ歌や手遊びに関する歌）

　保育者自らの動きと歌を交えた音楽活動である。時間や場所などを気にすることなく、手軽に保育の中に取り入れられている。絵本を読んだりお話をしたいときなど、保育者の方に子どもたちの意識を集中させるためによく取り入れられているばかりでなく、子どもたちも遊びを伴った活動として楽しんでいる。年齢が上がるにつれて、速度や動きを複雑に変化させたり、ゲーム的要素を加えることによって、遊びを発展させたりしている。そして、わらべ歌のようにメロディーやリズムを少し変化させたり付け加えたりするなど、いろいろアレンジして楽しんでいることが多い。また、人気のキャラクターを登場させて親しみを感じさせる遊び歌も多くある。

　「遊び歌」としては、わらべ歌と手軽な手遊び曲を取り入れている。各月ごとに曲を指定しているが、遊び方を工夫することで年間を通して繰り返し遊ぶことができる。

表1◆歌遊び年間計画

月＼内容		4	5	6	7	8	9
ねらい		園生活に慣れ、安心して過ごす	自分でやりたい遊びを見つけ、保育者や友達と楽しんで遊ぶ	梅雨期の衛生管理に注意し、健康な生活に必要な習慣を身につける	保育を通して、自主性を育て、子ども同士のかかわり合いを大切にする	水遊びなど夏の解放的でダイナミックな遊びを通して自主性を育てる	運動会などの行事を通して仲間と一緒にやり遂げる意欲を身につける
生活の歌		園歌	こいのぼり	とけいのうた	七夕さま	おおきなうた	うんどうかい
		えんそくの歌	おかあさん	すてきなパパ	おほしさま	ともだちさんか	ガンバリマンのうた
		先生とおともだち	めだかの学校	かたつむり	しゃぼん玉	おばけなんてないさ	とんぼのめがね
		さんぽ	ことりのうた	あめふりくまのこ	はなび	どろんこと太陽	はしるのだいすき
		おはながわらった	おたまじゃくし	犬のおまわりさん	お山のラジオ体操	せみのうた	アイアイ
		むすんでひらいて	ぞうさん	雨	水あそび	トマト	こおろぎ
遊び歌		竹の子一本おくれ	お寺のおしょうさん	おちゃらかホイ	かごめ	じごくごくらく	花いちもんめ
		グーチョキパー	頭・肩・ひざポン	でんでん虫どこだ	あじのひらき	アイスクリーム	おはぎのよめいり
		トントントンひげじいさん	あおむしのうた	わにのおとうさん	魚がはねて	ミックスジュース	一丁目のどらねこ
リズム体操		てをつなごう	ミッキーマウス体操	サンサン体操	なつだよプールだよ	ラジオ体操	運動会用の体操
		ともだちできちゃった	動物村のポンポコバス	虹のむこうに	ひょっこりひょうたん島	アニメ体操	ハロー体操
楽器遊び		ぶんぶんぶん	ちょうちょう	かえるのうた	手をたたきましょう	おもちゃのチャチャチャ	ありさんのおはなし
		カスタネット					
		スズ					
		タンブリン	ピアノ・ハーモニカ・ギター・オカリナ（保育者）などを利用する。				
		太鼓					
行事等		入園式	こどもの日	時の記念日	七夕	夏祭り	お月見
		花まつり	母の日	虫歯予防デー	海の日	キャンプ	運動会
		春の遠足		父の日	プール開き		敬老の日

※月ごとに幼児歌曲が選曲されているが、さまざまな活動に合わせて歌う曲や演奏する曲も

10	11	12	1	2	3
遊びや生活の中で、気持ちや考えを伝え合い、相談し合って遊びを深める	季節の移り変わりに関心を持ち、身近な自然事象に触れ合い楽しむ	全身を使った遊びを十分に行い、寒さに負けずに元気よく過ごす	伝統行事などを通して、日本の文化を伝える遊びを工夫する	気持ちや考えを伝え合い、相談し合って遊びを深める	入学・進級への喜びと期待を持つ
いもほり	働く人にありがとう	もちつき	お正月	豆まき	うれしいひなまつり
きくの花	もみじ	あわてんぼうのサンタクロース	たこあげ	春がくる	よろこびのうた
はたけのポルカ	まつぼっくり	たき火	ゆきのペンキやさん	なわとび	春
いがぐりぼうや	まっかな秋	北風小僧の寒太郎	ホ・ホ・ホ	かわいいかくれんぼ	一年生になったら
バスごっこ	もりのくまさん	赤鼻のトナカイ	おすもうくまちゃん	うたえバンバン	みんなともだち
大きな栗の木の下で	どんぐりころころ	たこあげ	ゆき	おうま	チューリップ
いもむしごろごろ	おしくらまんじゅう	あぶくたった	一本橋	おおかみさんいまなんじ	大なみ小なみ
やきいもグーチーパー	お山で栗がとれた	サンタさんがきたぞ	こすれこすれ	おにのパンツ	ら・ら・ら
栗の木の山のきつね	パンダうさぎコアラ	ねずみのもちつき	ごんべさんの赤ちゃん	コンコンクシャンのうた	つくしんぼう
いもほり体操	七五三サンバ	おもちもちもち	おでんぐつぐつ体操	ちきゅうをどんどん	やさい体操
どんぐり体操	きのこ	クリスマスのうたがきこえてくるよ	バギーボーイ	人間っていいな	なかよしタッチング
山の音楽家	こぎつね	ジングルベル	おおきなたいこ	ドレミのうた	しあわせなら手をたたこう

また、身近な材料で手作り楽器を作り楽しむ。

秋の遠足	七五三参り	クリスマス	お正月	節分	ひな祭り
いも掘り	勤労感謝の日	おもちつき	七草	立春	お別れ会
ハロウィーン					卒園式

多くある。年間を通して繰り返して楽しむこともできる。

第3章◆幼児を取り巻く音楽環境

(3) リズム体操（音楽と身体全体の動きを伴った歌）

　遊び歌と同じように歌と動きを伴う活動である。手や指だけではなく、身体全体を使って、リズムに合わせて身体表現を行い楽しむ活動である。少人数で行うより、クラスや園全体として一斉に行うことが多い。遊びより体操としての要素が濃く、音楽と併せて一つ一つの身体の動きを大切にしたい。

(4)　楽器遊び（簡易な楽器を利用して音色を楽しむ曲）

　保育における音楽活動では、歌う活動とともに楽器を弾く活動も多くなされている。日常の生活では、子どもたち自身が身近にある楽器を鳴らしては楽しんでいる。行事などの発表会においては、クラス全体で取り組むことが多い。一人で楽しむこともあるが、仲間と演奏し、曲を作り上げることも楽しい経験である。演奏を発表するためには、楽器を弾く練習が必要である。練習の過程において、相手や仲間の演奏を聞きながら自分も参加している喜びや、やり遂げた後の充実感などを味わうことになる。

　保育者が子どもたちとともに弾き歌いをするとき、ピアノを使って伴奏し、歌ったりすることが多い。しかし、園外保育にピアノは利用できない。ハーモニカやオカリナなど手軽な楽器を利用することによって、また違った活動として子どもたちと音楽を楽しむことができる。

　この年間計画に取り上げられている曲ばかりではなく、歌い継がれてきた幼児歌曲や、さらには新たに生まれて親しまれている曲も多くある。歌を歌うだけではなく、楽器や動きを取り入れることにより、より豊かな表現活動が生まれ、生き生きとした活動に変化していく。そのためにも保育者は、まず自分のレパートリーとしてすぐに口ずさめるように、歌詞やメロディーを覚えておくことが、保育における音楽活動の大切な第一歩である。子どもたちも同じく、歌を通して表現する場合に、その歌を知っていなければ歌うことも口ずさむこともできない。また、さま

ざまな音色を楽しもうとしても、楽器を鳴らすすべを知っていなければ楽しむこともなく過ごすことになる。保育者は、音楽活動経験を日常の保育の中に豊富に取り入れ、子どもたち自身が自由に選択して表現できるように配慮しなければならない。また、CDやビデオなどの視聴覚教材の利用も考えられるが、それ以上に、保育者は、子どもたちに歌を通して自分の思いを生き生きと直接伝え、さまざまな音楽活動を共に楽しみながら展開し、発展させていきたいものである。

2　歌い継いでいきたい子どもの歌

保育者は日ごろの保育の中で、子どもたちに保育計画に沿った活動に適した歌を選曲している。感じたことや新たに発見したことを歌に託し

表2◆歌い継いでいきたい子どもの歌

曲　目	作曲・発表年月日	2010年現在	作詞者名	作曲者名
かたつむり	1911年	99年前	文部省唱歌	
たきび	1941年	69年前	巽聖歌	渡辺茂
ちょうちょう	1881年	129年前	不　明	ドイツ民謡
チューリップ	1932年	78年前	不　明	井上武士
とんぼのめがね	1949年	61年前	額賀誠志	平井康三郎
まめまき	1901年	109年前	絵本唱歌	
みずあそび	1901年	109年前	東くめ	滝廉太郎
うみ	1941年	69年前	林柳波	井上武士
うれしいひなまつり	1936年	74年前	山野三郎	河村光陽
おほしさま	1948年	62年前	都築益世	團伊玖磨
こいのぼり	1913年	97年前	絵本唱歌	
しゃぼんだま	1922年	88年前	野口雨情	中山晋平
ぞうさん	1948年	62年前	まどみちお	團伊玖磨
たなばたさま	1941年	69年前	林柳波	下統暁一
どんぐりころころ	1921年	89年前	青木存義	深田貞
まつぼっくり	1936年	74年前	広田孝夫	小林つや江
やぎさんゆうびん	1939年	71年前	まどみちお	團伊玖磨

て表現することで、よりいっそう相手に伝えたり、共有し合うことができるからである。その中には、時代を越えて歌い継がれている歌がある（**表2**）。

これらの歌は、日本の子どもの歌として代表される曲といえる。保育活動の中で、「楽しい歌・好きな歌」だけではなく、次代を担う子どもたちにぜひ伝えていってほしいものである。

3　手作り楽器について

私たちの周りには、いろいろな音が常に聞こえている。それらは聞き手の意識によって、騒音であったり快音であったりする。楽器といえば、オーケストラや吹奏楽で演奏される弦・金管・木管・打楽器、マラカスやギロなどのラテン楽器、保育室などに見られるカスタネットや鈴などの簡易楽器が思い起こされる。また、口笛・手拍子・声などは、自分の身体の一部を使うことにより音が作られ、楽器として成り立つ。このように、弾いたり、たたいたり、吹いたりすることで、身近な素材がりっぱな楽器に早変わりする。

日ごろの保育の中で子どもたちが手作り楽器を作り、その楽器を使って自ら演奏する活動は、既成の楽器で演奏することとは違った楽しみ方でもある。このような体験は、子どもたちにおのずと身の回りの音や素材を意識させることになり、楽器を演奏するばかりではなく、歌う活動においても自分で意識した音作りができるようになると期待される。

手作り楽器を作る素材としては、身の回りの日用雑貨、廃材、自然物などが考えられる。

①日用雑貨

フライパン（ドラム）、茶こし（すず）、しゃもじ（カスタネット）、なべのふた（シンバル）、ストロー（笛）、せんたく板（ギロ）、紙皿（タンバリン）、ザル（タンバリン）、植木鉢（ボンゴ）、コップ（チャイム）、紙コップ（でんでん太鼓）、ゴミ箱（太鼓）、すりこぎ（クラベス）など

②廃材

かまぼこ板（カスタネット）、空き缶（ドラム・ボンゴ・シンバル・太鼓）、王冠（ギロ・リングベル）、フィルム容器（マラカス）、空きビン（すず）、プラスチック容器（マラカス）、折り紙（マラカス）、広告紙（紙笛）、ラップ芯（レインボウスティック）など

③自然物

竹（チャイム・笛）、草・葉（笛）、貝殻（笛・タンバリン・ギロ）、木（クラベス）など

このような手作り楽器を作るとき、まず安全性が求められる。そして、3歳未満児の子どもたちにも楽しめるように、持ちやすい・使いやすい・親しみやすいことも配慮しながら、さまざまな素材から生まれる心地よい音色を作り出し、曲に合わせて楽しみたい。

第2節　幼児歌曲の特色

1　子どもに伝える幼児歌曲の役割

保育者として、子どもたちに伝えたい歌や一緒に歌いたい曲は多くある。日ごろ親しんでいる幼児歌曲の特色を挙げ、子どもたちに対する音楽の役割を考える。

（1）コミュニケーションとしての音楽

・友達同士みんなで歌える。

・親や祖父母と一緒に歌える。

・昔から歌い継がれている童謡もあれば、現在親しまれている童謡もある。年代に関係なく親しまれている。
（『ちょうちょう』『お母さん』『たきび』『こいのぼり』『うみ』など）

(2) 想像力を豊かにする音楽
 ・明るい、楽しい、軽快、かわいい曲が多い。
 ・曲や歌詞に物語（ストーリー性）があり、想像しやすい曲が多い（語りかけるような歌、お話するような歌）。
 ・夢のある歌詞を持つ。
 ・標題音楽になっている。曲名がわかりやすく歌詞の中に関連する言葉がある。
 （『あめふりくまのこ』『そうだったらいいのにな』『もりのくまさん』など）

(3) 子どもの生活や遊びに沿った音楽
 ・幼児の生活習慣にかかわる歌詞の曲が多い（朝やお帰りのあいさつ・給食・歯磨き・手洗いなど）。
 ・家族、遊び、行事にまつわる歌詞が多い。生活に密着した題材や関連した言葉が使われ、子どもにも理解しやすい。
 ・歌うことで日本の四季を感じることができる。
 ・動物・虫・植物など自然に関連した曲が多い。
 ・歌を通して活動の内容や動きをつなげていくことができる。
 （『おはよう』『歯をみがきましょう』『ぞうさん』『さんぽ』『水遊び』『はる』など）

(4) 身近で親しみやすい音楽
 ・リズムや言葉のおもしろさを感じることができる。
 ・擬音語（チャチャチャ、コンコンコンクシャーン、ピィピィピィ、シュシュシュ）が歌詞の中に取り入れられ、歌いやすい。
 ・歌詞が子どもの心を表現しており、親しみやすく、共感できる歌が多い。
 ・アニメで歌われている曲があり、何回もテレビなどで聞き親しんで

いるせいか、歌いやすい。
・歌うだけではなく、曲に合わせて手遊びをしたり振り付けたり、身体で感じて歌うことができる。
・メロディーが明快・簡潔・素朴なため、覚えやすく、いつでもどこでも自然に口ずさむことができる。
・前奏がはっきりしており、子どもたちにとって歌い出しやすい。
（『おもちゃのチャチャチャ』『「ことりのうた』『かえるのうた』『おしえて』など）

2　幼児歌曲の音楽的な特色

　保育者がよく利用している5種類の幼児歌曲集の中に選曲されている歌491曲を対象に、幼児歌曲がどのように作られ特徴づけられているか、音楽理論から考えた。

(1) 調子記号について

　多い調子記号は、ヘ長調165曲（34％）、ハ長調159曲（32％）である。この2つの調子記号が、幼児歌曲の多くのハーモニーを担っている。続いてニ長調59曲（12％）、ト長調55曲（11％）となり、短調の曲が少ない。
　メロディーの音域を調べてみると、1点c音（ド）〜2点c音までの音域の歌115曲（23％）、1点c音〜2点d音（レ）までの音域95曲（19％）、1点d音〜2点d音までの音域59曲（12％）となっている。また、音域と関連して、音程は8度音程184曲（37％）、9度音程125曲（25％）、6度音程37曲（8％）となっていた。
　これらの結果は、子どもの声域にも深くかかわっていると思われる。1点a音（ラ）の産声、話し声に近い、無理をしないで歌うことができる音域（2歳児：1点d音〜1点a音）からしだいに上下に広がっていく（5歳児：a音〜2点d音）とされていることからも、幼児歌曲は、子どもたち自らが無理なく楽しく歌うことができるように作られている

と理解できる。

(2) 拍子記号について

　拍子記号は、4分の4拍子266曲（54％）、4分の2拍子178曲（36％）で、ほとんどの曲がこの単純拍子になっている。8分の6拍子はわずか4曲のみで、5冊の曲集の中で『おもいでのアルバム』1曲のみが、すべての曲集に取り上げられている。

(3) 速度記号について

　速度記号は、すべての歌に指定されているわけではない。歌う子どもたちがその曲のリズムや曲想を感じてテンポを決めることは多くある。実際、225曲（46％）は作曲者が速度を指定しておらず、保育者が速度を決めることになる。子どもたちと歌を歌う場合、その歌の持ち味を生かし、単なる楽譜から、生き生きとした音に変化させ、表現することが大切である。音楽にとって速度は、曲を生かすための大きな役割を担っている。

　指定のある幼児歌曲において、速度記号の多い順に、Allegretto［やや快速に］106曲（22％）、Moderato［中ぐらいの速さ］80曲（16％）、Andantino［やや歩く速さで］32曲（7％）となっている。このような速度記号と併せて曲想標語も子どもの歌ということで、「元気よく」（22曲）、「楽しく」（19曲）、「明るく」（19曲）、「かわいらしく」「優しく」「軽快に」という標語が見られる。表現を豊かにするためには、楽譜に書かれている標語は大切に演奏したいものである。

(4) 形式について

　幼児歌曲は短い曲が多い。8小節の曲が98曲（20％）、16小節が95曲（19％）、12小節が71曲（14％）となっている。形式においても、1部形式・2部形式、小3部形式がほとんどである。

(5) 歌詞について

　歌詞が2番まで作詞されている歌は、212曲（43％）で一番多い。3番までが112曲（23％）、1番のみが108曲（22％）であった。10番までの歌詞を持つ曲は、絵かき歌『すうじの歌』だけである。

　歌にとって歌詞とメロディーは、どちらが大切というものではなく、お互いの相乗効果により引き立たせ合うものである。歌詞は曲の具体的な事象を表し、季節を感じさせる歌、行事に関する歌や遊びを楽しむ歌など、子どもにわかりやすい内容が盛り込まれている。

　491曲の中で、季節を感じさせる歌は138曲（28％）ある。春が33曲、夏が33曲（そのうち7曲が梅雨に関する曲）、秋が36曲、冬が36曲となっている。また、これらの曲を「生活の歌」（基本的な日常生活に関する歌など）、「自然の歌」（動物・植物に関する歌など）、「遊びの歌」（手遊び歌・わらべ歌など）に分けてみると、生活の歌212曲（43％）、自然の歌199曲（41％）、遊びの歌81曲（16％）となり、生活に関する歌や自然に関する歌は、ある程度平均的に取り上げられている。

　このように、子どもたちに親しまれている歌にはいろいろな特色が見られる。保育者には、このような特色を理解したうえでの保育計画の立案や指導が求められる。

第3節　音楽を生かした保育の実際

1　絵本からの音遊び

　子どもたちは絵本が大好きである。絵本「はらぺこあおむし」のお話を通してリズム遊びに発展させた保育を紹介する。実際にあおむしを育て、それがチョウになって巣立っていったという経験もしている。

〔事例1〕はらぺこあおむし

〈ねらい〉
物語を題材にした音遊びを通して、表現する喜びや想像的に作り出していく活動を楽しむ。

〈子どもの様子〉
子どもたちが大好きな絵本「はらぺこあおむし」のお話を音楽版で楽しんだり、手遊びをしたり、実際に飼育した青虫に変身したりするなど、表現遊びを楽しんでいた。

〈保育のポイント〉
よりいっそうイメージが膨らむような言葉掛けで誘いかける。また、子どもの思いや考えを取り入れ、表現しようとする力を伸ばしていく。

〈保育者の援助〉
子どもたちの動きにリズム・速度・音色などの変化を加え、楽しみながら行う。野菜を栽培したり、あおむしを飼育するなど環境を整え、想像力を豊かにする。

2 「夏祭り」での忍者ごっこ

　夏のお楽しみ行事である夏祭りに、忍者ごっこを計画した。忍者に変身して、綱渡りや足変えの術などをリズミカルに行い、ゲームやステージショーを楽しんでいた。また、4日後に行われた「お誕生日会」での催しでは、招待したお母さんと一緒に、同じように忍者ごっこのミニショーを再現し、子どもたち全員で楽しむことができた。

　〔事例2〕忍術学園へようこそ！

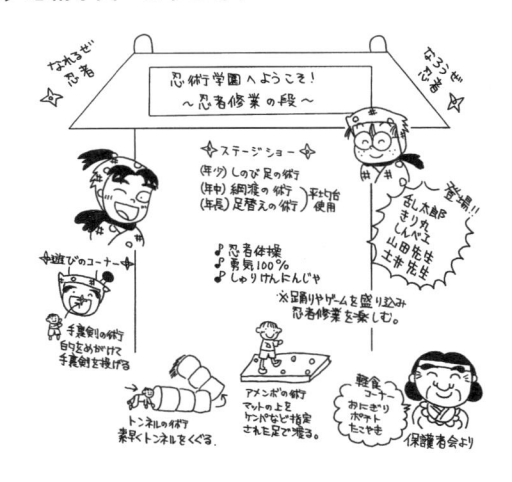

〈ねらい〉
園内を忍術学園に見立てて、園ならではの夏祭りを楽しむ。親子で遊びの広場やステージショーを楽しみ、コミュニケーションを図る。
〈子どもの様子〉
テーマに合わせ、忍者に変装して参加する子どもがいた。遊びコーナーではルールを守りながら楽しみ、ショーでは子どもが保護者に踊りを教え、一緒に楽しむ姿が見られた。

〈保育のポイント〉
子どもたちに人気のある「忍たま乱太郎」を取り入れ、前半は忍者の技に見立てたゲーム、後半は全員参加のショーにする。"立派な忍たまになろう"というテーマで物語風に行う。
〈保育者の援助〉
遊びコーナーでは、安全面に留意したり順番を守れるようにする。ショーでは、キャラクターに変装し、その場を盛り上げる。

【参考文献】

下田和男・西村政一編著『幼児の音楽と表現』建帛社、1990年

仲野悦子編著『感性を育む音楽表現』みらい、2003年

小林美実編『音楽リズム』東京書籍、1984年

小林美実編『こどものうた200』チャイルド本社、1999年

早川史郎ほか編『幼児の歌110』エー・ティー・エヌ、1993年

寺島尚彦編『楽しい歌の世界1、2、3』ドレミ楽譜出版社、1991年

松中久義・楠景二編　『幼児保育の歌とリズム』音楽之友社、1991年

第4章 幼児の音楽的活動とその援助のあり方

宮脇 長谷子

本章では、幼児にとって望ましい音楽的活動のあり方とその内容を考え、さらに保育者はどのように援助すべきか、具体的な事例を挙げながら検討する。歌う、聞く、身体を動かすといった諸活動を総合的に結びつけていく視点と、指導案の意義に加え「手遊び」を重点的に取り上げていく。

第 *1* 節　幼児の音楽的活動のあり方

1　遊びの発展として

　幼児教育や保育は「環境を通して」行われ、「遊びを通じて」展開されるものであり、音楽的な表現活動の基本もそこにある。子どもにとってはあくまで遊びの延長であり「おもしろい」「楽しい」と感じるものでなければならない。

　例えば、積み木で床をたたいてみたら「トントン」という音がした、という経験を経てこそ『とんとんとん（とんひげじいさん）』という手遊びが楽しめるのであり、その発展として「トントン・パー」（黒岩貞子作詞作曲）、『かなづちトントン』（外国曲／高木乙女子訳詞）、さらに『だしてひっこめてトントントン』（資料編 p 242）といった身体活動につなげていくことができるのである。

　また「トントン・パー」というリズムは「おはよう」という言葉と結びつけることによって、自然に子どもの身体になじんでいく。『おはようのうた』（石丸由理作詞・作曲）では「おはよう」という歌詞の部分で、「トントン（手拍子2拍）パー（手を開いてごあいさつ）」のリズム打ちをし「おててと、おててで、おともだちになっちゃった」という歌詞の部分では実際に握手をすることから、身体感覚を通した仲間とのコミュニケーションが可能となる。

2　言葉と結びつく

(1) 言葉とリズム

　幼児の言葉を聞いて、その豊かな表現にハッとさせられることが多い。特に、オノマトペと呼ばれる擬声音・擬態語の中には、音楽的な要素を含んでいる。

　例えば、歩道に片輪を乗り上げて駐車している車を見た3歳児が「クルマさんが、オットットしているねぇ」と言ったときの言葉の中で、「オットット」は付点音符に近いと感じられた。その感覚を大切にして、「オットトッ」と歌いながら付点音符の手拍子をしてあげると、子どももすぐについてくる。和太鼓の世界で「ツクツクテン」とか「テンツクテンツクテンテンテン」といった口伝が練習に用いられているように、言葉のリズムを利用すれば、幼児も難しいリズムを無理なく表現することができるのである（第7章参照）。

(2) 言葉のフレーズと拍節感

　また、拍節感も言葉のフレーズを利用して、自然に身につけることができる。『ごんべえさんの赤ちゃん』（アメリカ民謡/作詞者不詳）という遊び歌を例に挙げてみたい。

　この遊び歌の歌詞フレーズは、2拍、4拍、8拍に分けられるが、まず歌に合わせて右肩を左手で4回、交代して左肩を右手で4回たたくという動作を付けてみよう。

〈遊び方──4拍リズム〉
　　ごんべえさんのあかちゃんが〈右肩4回〉、かぜひいた〈左肩4回〉
　　（同上）×2
　　とてもあわてて〈右肩4回〉、しっぷした〈左肩4回〉
　　（年少児の場合は、4拍のフレーズを2つ合わせて8拍にするとよい）

さらに、慣れてきたら、
　　〈4拍×2 → 2拍×2 → 1拍×2 → 拍手〉
と引き算をしていくのもよい。
　8拍でスタートした場合は
　　〈8拍×2 → 4拍×2 → 2拍×2 → 1拍×2 → 拍手〉
でちょうど1曲が終わるようにできている。
　この遊びの楽しさは、数を数えながら、右手と左手が交差して最後に「パチン」と両手が合う点にある。最後が決まると（合うと）、達成感が得られ「もう一回」という反応が返ってくる。幼児の能力、発達段階に応じて、右肩、左肩の交代が難しい場合は、右ひざを右手でたたく、右ひざを左手でたたく、といった工夫が必要であることはいうまでもない。
　グループ活動への展開も可能である。円を作って座り、右隣の人の左肩を8回、交代して左隣の人の肩を右手で8回、同様に、4回、2回、1回と減らしていって、最後の拍手は1人で行うときと同じである。
　隣の人の「肩」ではなくて「背中」とうながしてみると、運動量は格段にアップしてくる。立ったまま行ってもよいが、座っているほうが身体のねじりが加わって楽しいようである。

(3) 言葉のイメージから広がる表現活動

　最後に、幼児が特に関心を寄せる言葉の中に、動物名のほかでは「大きい、小さい」があって、その比較がイメージできる歌や手遊びについて述べたい。
　「大きい」「小さい」がイメージできる歌の代表は『大きなたいこ』（小林純一作詞／中田喜直作曲）であろう。「大きな太鼓」「小さな太鼓」という直接的な歌詞だけでなく「どーんどーん」「とんとんとん」という擬音語が幼児のイメージを喚起するのに役立っている。「大きな太鼓」「小さな太鼓」から「大きな波がザブゥーンザブゥーン」「小さな波がユーラユラ」と歌い変えて身体表現に発展していく姿も見られた。

また『ちいさな庭』（作詞・作曲不詳）も「大きい庭」「中くらいの庭」と言い換え、「よく耕して」「種をまく」動作も変えていくことができる手遊び・言葉遊びである。さらに『でんでんむし（どこだ）』（作詞・作曲不詳）という手遊びは「葉っぱの上にいるカタツムリ」からだんだん大きくなって、最後は「地球はどこだ、宇宙の中にポツン！」と閉める、スケールの大きいものであり、自然をイメージできることからも良い教材だと考える。

3　身体感覚と結びつく

　幼児の表現活動として最も一般的な形は、動作を伴ったものである。身体表現については他章で述べられているが、ここでは幼児が「自分の身体」「他者の身体」を意識できる音楽活動を取り上げたい。「体の時代」と呼ばれる幼児期の子どもにとって、まずは自分の身体の存在に気づき、そこから他者との違いと、自己の存在の固有性を感覚としてとらえていくことが大切だと考えるからである。

（1）自分の身体を意識する遊びの例
　①「あたま・かた・ひざ・ぽん」（原曲『ロンドン橋』／作詞不詳）
　　歌詞に合わせて、自分の身体の部位を両手で押さえる。曲名の4カ所のほかに、目、耳、鼻、口や、お尻、ひじ、胸、腰など、自由に変えることができる。
　②『さかながはねて』（中川ひろたか作詞・作曲）
　　自分の身体の部位を押さえる手遊びであるが、「さかながはねて○○（頭、口など）にくっついた」という歌詞のおもしろさと、くっついた後の「見立て」（口にくっついたら「マスク」と言うなど）が楽しめる。
　③『かけ足かけ足○○！』（黒岩貞子作詞・作曲）
　　同じく自分の身体の一部を押さえる活動だが、走りながら触る部

分を聞くという点に特徴があり、集中力が求められる。
④『キャベツを植えよう』(カナダの遊び歌／志摩桂作詞)
　手で触るのではなく、身体の部位そのもので床を2回たたくところに特徴がある遊び。手や足だけでなく、おでこやひじ、背中、お尻などを使うとかなりの運動量になるし、集団で輪になって行うことから、コミュニケーションもとれる。

　ほかに、『とんとんとん(とんひげじいさん)』の替え歌で「ひげじいさん」「こぶじいさん」などの部分を「ひざ」「おへそ」「胸」「肩」に置き換えて、その部分に手を当てる遊びもある。

(2) 他者との身体的接触を通した音楽的活動の例

　他者との身体的接触は、大切なコミュニケーション手段であると同時に、他者との違いから、自分の存在を意識するうえで欠かせないものである。握手や抱擁が日常的な習慣となっていない日本では、特に幼児期にこそ、他者との身体的接触を取り入れた音楽的活動をうながしていきたいと考える。前述した『おはようのうた』のように「おててとおててで、おともだちになっちゃった」といった歌詞のある歌や、『あくしゅでこんにちは』(まどみちお作詞／渡辺茂作曲)といった動作を伴った歌は、積極的に取り上げていくべきである。

① 手と手の接触

　握手のほかにも、『おちゃらか』に代表されるような「お手合わせ」はよく知られているが、手のひらと手の甲を合わせるのが特徴の『うち・そと・ホイ』(作詞・作曲不詳)、相手の手のひらを打ったりつついたりする『十五夜さんのもちつき』(わらべ歌)は年長児に適した活動である。

②相手の身体に手で触る活動例

　触る側、触られる側両方に感触が残るが、他者の身体に触るということで逆に自分を意識できるであろう。相手の顔の部分を触るのが

特徴の『パンやさんにおかいもの』（佐倉智子作詞／おざわたつゆき作曲）、全身をくすぐったうえで頭をなでる『一匹の野ねずみ』（鈴木一郎作詞／二階堂邦子採譜）などがある。年少児の場合は保育者が触る側になるとよいが、年長児になったら、触る側を交代することが大切である。

③ 相手と身体と身体で接触する活動例

『おしくうまんじゅう』はこの代表的な活動であるが『あたまであくしゅ』（資料編p243）は「○○で握手を」の歌詞で身体のある部分を意識できる活動である。旋律、リズムの面でも音楽的であり、子どもたちも笑いながら遊べる音楽的な活動である。

（3）運動遊び

身体的な感覚と結びついた音楽的活動の中には、少し動作の大きい「運動遊び」と呼ばれる活動がある。しかし、幼児の音楽的活動は総合的なものであって、それほど明確に分けられるべきではないと考える。求められるべきは『ごんべぇさんのあかちゃん』のゲームのところでも説明したように、一人の活動からグループ活動へ、手遊びから運動遊びへといった展開への工夫である。以下、特徴別に分けて運動遊びの例を示す。

① 手の動きを足に置き換えたものの例

『チョット・グット・パー』（湯浅とんぼ作詞／中川ひろたか作曲）、『うち・そと・ホイ』、『まえとうしろでトントントン』（『だしてひっこめてトントントン』と同じ曲）。

② ひざの屈伸を入れることによって全身的な動きが出てくるものの例

『トントン・パー』、『かなづちトントン』、『あたま・かた・ひざ・ポン』。

③ 「走る」「歩く」が含まれるものの例

『かけあしかけあし○○』、『キャベツを植えよう』、『あくしゅで今日は』、『あたまであくしゅ』。

④ 「しぐさ遊び」「見立て遊び」「模倣遊び」の例

動物などの動作・しぐさをまねすることで動きが出てくる遊び。『ゴリラがドンドン』(作詞・作曲不詳)、『くまさんくまさん』(わらべ歌)、『げんきにしごと』(佐倉智子作詞／おざわたつゆき作曲、積み重ね歌の特徴も兼備)。

(4) ボディパーカッション

ボディパーカッションとは、文字どおり「身体(ボディ)」を「打楽器(パーカッション)」に見立てて、リズムを奏でることである。楽譜が読めなくても、楽器がなくても、自分の身体さえあれば、どこでもその活動を行うことができる便利なものである。特に幼児の場合は、前述したように、身体感覚を身につけることが必要であり、「自分の身体をたたくと音が出る」という発見は興味を持って受け入れられるであろう。強くたたきすぎると「痛い」という気づきも大切である。

①ボディパーカッションの効用
- 手拍子の音と、肩をたたいたときの音の違いや、リズムだけを聞くことで「聞く」という集中力が養える。
- リズム感を身につけることができる。
- 集団で行うことによって、協調性が養われる。
- ひざをたたく、ジャンプするといった動作によって身体能力を高めることができる。

②ボディパーカッションの実際

まず、基本動作(手拍手、足踏み、ひざをたたく、お尻をたたく、おなかをたたく、胸をたたく、肩をたたく、頭をたたく、ジャンプ)と基本リズム(4拍子)を練習する。練習といっても、幼児の場合は保育者の模倣やレスポンス遊びの中で行うことが大切であり、「肩、ひざ、ひざ、ポン(手拍子)」といった言葉による「先読み」(先に指示すること)が必要になってくる。

個人でスムーズに動作ができるようになったら、次の段階ではグルー

プ同士の模倣を経験させる。さらに、グループごとに違うパターンを決めて（最大2小節）、掛け合いを楽しめるようにしたい。

以上、幼児の音楽的な活動について全般的に述べてきた。次の節では、幼児の表現活動の基本となる「手遊び」について述べる。

第2節　音楽的活動としての手遊び

1　手遊びが目指すもの

「手遊び」とは、文字どおり「手で遊ぶ」ものであるが、「手だけで遊べる」と考えると、保育の世界では非常に便利なものである。道具を用意しなくても、すぐに子どもの中に入って一緒に遊ぶことができるし、ピアノ伴奏と違って、子どもと直接向かい合うことができる。指を2本（チョキ）出すだけで「ウサギさん」や「カニさん」に変身することができる（もちろん、そうなるためには導入が必要なのだが）。「手だけ」ではなく、そこに「歌声」やリズムが加わることで、りっぱな音楽的活動になりうるものである。子どもにとっても、特別な訓練を必要とせずに歌と動きと「遊び」を楽しむことができるし、保育者や友達とのコミュニケーションを図ることができる。

さらに「指を使う」こと「手指の巧緻性を高める」ことは、幼児の心身の発達にとって有益だといわれている。音楽療法の分野でも「声を出すこと」（歌を歌うこと）と並んで、「指を使う」ことの重要性が指摘されているのだが、その理由は、指先の神経が直接脳につながっているからである。だからといって、「指の訓練」と思わせないところに手遊びの長所があり、子どもが「楽しく遊ぶ」ためには、保育者もまた、リラックスして「楽しい」と感じながら演じる必要があろう。加えて、教材の分析も必要である。つまり、この手遊びでは「何が育てられるか」「何

を伝えたいか」という視点を持つことである。そのために、以下、手遊びを分類して紹介する。ただし、手遊びは固定されたものではなく、保育者の工夫や子どもからのアイディアで日々変化しているうえに、多数あるので、筆者が授業でよく取り上げるものに限定したい。

2　手遊びの分類

(1) 手指の運動・動作による分類

①「グー」と「パー」「チョキ」だけでできる手遊び

（注：「グー」「チョキ」「パー」という言い方は日本独自のものであり〔韓国では、「グー」を「石」、「チョキ」を「はさみ」、「パー」を「紙」と表現するという〕、大切にしたい文化である）

手指の未発達な子どもにとって、最初に見せる動作は「にぎにぎ」（グー）、手を開く（パー）である。「チョキ」は次の段階となる。

・『グーチョキパーでなにつくろう』（フランス民謡／斉藤二三子作詞）

「グー」と「チョキ」と「パー」を組み合わせて、「ウサギ」や「ちょうちょ」などをつくる。「見立て遊び」「創作遊び」にもなる。

・『チョット・グット・パー』

「グー」「チョキ」「パー」の順番を変えて出すことによって「聞く」という集中力も必要とされる。

・『やきいもグーチーパー』（阪田寛夫作詞／山本直純作曲）

じゃんけん遊びに展開することができる。

・『チョキチョキダンス』（作詞作曲不詳）

右手と左手の認識が必要。

②指の1本1本を立てたり折ったりする手遊び

「グー」「チョキ」「パー」の次の段階として、指を1本、2本と増やしていく手遊びはとても多い。「にんじん」では2本（人差し指と中指）、「さんしょう」では3本、「しいたけ」では4本というように、言葉の最初の文字を数字に置き換える＜タイプA＞と、「2本」（チョキ）は「ウ

サギ」「かに」と見立てるという＜タイプＢ＞に分類することができよう。幼児に経験させる教材としては＜タイプＢ＞が好ましいと考えるが、＜タイプＡ＞でも、『お弁当』（わらべ歌）は食べ物と結びつき、リズムも心地よいので残していきたい。

　食べ物シリーズはほかに『カレーライス』（ともろぎゆきお作詞／峯陽作曲）、『ハイ、ケーキ』、『ロールキャベツ』（田中靖子作詞／フランス民謡）、『ピクニック』（作詞・作曲不詳／植田光子編曲）、『たまごでおりょうり』（作詞・作曲不詳）などがある。

　食べ物シリーズからは外れるが「たまご」から「ひよこ」「ニワトリ」をイメージできる手遊びとして『コロコロたまご』（作詞・作曲不詳）、『たまご』（作詞・作曲不詳）がある。そのほか、5指の中の2～3本を組み合わせて形を作り、何かに見立てる手遊びもある（『いち、にではじまるよ』作詞・作曲不詳、『くりのきやまのきつね』平田明子作詞・作曲）。

　③上記①と②の混合型

　『指の体操』（二階堂邦子採譜）、『てぶくろぽい』（資料編 p244）、『あおむしでたよ』（作詞・作曲不詳／植田光子編曲）。

　以上の3曲は、5本の指を1本ずつ独立させて立てるのでやや難しいが、リズムや擬音語のおもしろさもあって、子どもたちに人気のある手遊びである。5本の指を全部使わないやさしいものとしては、『ねこのこ』（出口力作詞・作曲）や『あじのひらき』（二階堂邦子採譜）などがある。

(2) その他、内容による分類

　①形をイメージする、見立てるタイプの例

　『いっぽんばしにほんばし』（湯浅とんぼ作詞／中川ひろたか作曲）『1本のゆびから』（秋山祐子作詞・作曲）、『一と一をあわせると』（資料編 p245）、『ダイヘンシン』（ナカヤユミ作詞／加藤明子作曲）。

　これらは共に「グー」の形から、両手の人差し指の1本を立て、立てる指を順番に増やしていきながら（最後の5本目は親指）、例えば「1

本と1本で山を作る」というように、さまざまな形に見立てていくという共通性がある。子どものアイディアも期待できる手遊びである。それに対して、「グー」の形からどの指も1本だけ立てる手遊びは、薬指だけ立てるところがやや難しい。そのような手遊びの例としては『親指さんどこですか』(作詞不詳／フランス民謡)、『まがりかど』(今井弘雄作詞／倉橋惣三作曲) がある。

②数を意識できる手遊びの例

『一丁目のドラねこ』(阿部直美作詞・作曲)は、親指から順番に「1丁目」「2丁目」と数えて小指が「5丁目」と数が増えていく手遊び。前述した『いっぽんばしにほんばし』などの手遊びも数が増えていくので、数を意識できる手遊びともいえよう。

逆に数を減らしていく手遊びもある。『5つのメロンパン』(資料編p246)、『5匹の子ブタ』(作詞・作曲不詳) などである。

③ 動物が出てくる手遊び

アニミズムの世界にいる子どもにとって、動物や小鳥やチョウ、カタツムリといった小動物は大切な友達であろう。手遊びには、ウサギ、クマ、ネコ、イヌ、ネズミ、キツネ、タヌキ、ブタ、ヒヨコ、ニワトリ、サル、ゴリラ、パンダ、コアラ、カンガルー、ペンギン、カニ、チョウ、小鳥、クラゲ、カタツムリなど、実にたくさんの動物が登場してくる。魚やアリなどの昆虫も出てくる(『ありさんのゆめ』手塚昭三作詞／中野生以作曲)。その中で、リズムも良く、エコーソングの特徴を持つ『パンダ・ウサギ・コアラ』(高田ひろお作詞／乾裕樹作曲) を特に推薦したい。

第3節 保育者としての援助のあり方

1 望ましい支援のあり方

(1) 保育者に求められる資質

　保育者に求められているものは、子どもの遊びや、なにげないつぶやきに注目し、そこから音楽的な表現活動を展開していく力である。

　例えば、水遊びをしている幼児の「おせんたく、じゃぶじゃぶだよ……」というつぶやきを聞いたら、すかさず「おふろ、ジャブジャブしてたら、さかなになっちゃうのね〜」(『おふろジャブジャブ』佐藤義美作詞／服部公一作曲) と歌ってあげることによって、次回の活動へと結びつけることができるのである。そのためには、保育者自身が、引き出しにたくさんの教材を用意していなければならない。

　また常に「子どもにとって」という視点を忘れないことと「この活動で何を育てたいのか」という保育者自身の願いを持ち続ける力である。

　例えば、お誕生日会の歌を選ぶときのポイントは何であろうか。「大きくなったね」と言われることは、子どもにとって特別の喜びがあるようだ。また自分より小さい子や、アリのような小さい昆虫を愛する心も大切にしたい。その意味で、数曲ある誕生日の歌の中で、筆者は『たんじょう日には』(増田裕子作詞・作曲) を薦めたい。誕生月に該当する一人ひとりの名前を歌の中に入れているうえに、曲の最後で「もっと、大きくなぁれ」と歌い上げているからである。

　保育者に求められる資質の第一は、子どもを愛する心と音楽を愛する心に加え、たゆまない教材研究への探求心であるといえよう。

（2）援助のあり方

第1節、第2節でも折に触れて援助のあり方を述べてきたが、ここで改めて重要なポイントをまとめてみたい。

① 遊びの要素を取り入れること。その中で何が育つのか、育てられるのか、「ねらい」を明確に持つことが大切である。
② 言葉のリズム・イメージを大切にすること。
③ 子どもの発達を理解し、無理な活動を選ばないことと同時に、やさしすぎる活動も選ばない。
④ 子どもの自発的な動きを大切にしながら、集団遊びの場合はルールを決め、支援も丁寧に行う。それは、達成感や満足感を大切にするためである。
⑤ 仕上がりを急がず、繰り返し同じ活動を行う忍耐力を持つこと。「教える」のではなく、「歌ってあげる」ことの繰り返しが大切である。子どもは、まず歌の最後の部分から覚えて合わせてきたり、「ニャンニャンニャニャ〜ン」といった擬音語から覚えていって、いつのまにか全部の歌詞を歌えるようになるのである。
⑥ 子どもが興味を持った瞬間を見逃さない。
⑦ 身体を通したコミュニケーションを大切にする。
⑧ 教材に関しては、常に創意工夫して、歌詞を変えたり動きを変えたりする勇気が必要である。固定的にとらえるのではなく、子どもの興味や関心に合わせて柔軟に対応する。
⑨ 模倣遊び、エコーソングの原理を活用する。

次に、具体的な援助の手順を計画する「指導案」について述べていく。

2　指導計画の立案とその考え方

（1）指導計画とは何か

文字どおり、どのように指導していこうとするかの計画である。立案した指導計画は、一般的に「指導案」と呼ばれている。幼児教育では「援

助」という言葉が使われていて、その考え方と矛盾していると思われるかもしれないが、「『援助』と呼ばれる指導が行われている」と考えるべきであろう。

　これは、活動の主体である幼児が、自ら望む活動を選択し展開する「遊び活動」を大切にしていこうとする姿勢を表した用語だといえる。つまり、子どもがどのように遊びたいかを理解しつつ、同時に、保育者が彼らの遊びについて、どのように発展することが「ねらい」に照らして望ましいかという「願い」を持ち、そのためにどのような援助が必要かと考えること、それが指導案を書く目的なのである。

(2) 指導案作成上の最も基本的な留意点
　①主な活動を選ぶ
　活動を選ぶ際に最も大切なことは、子どもにとって、その活動が楽しいかどうかという視点を持つことである。そのためには、子どもの発達段階に見合った活動を選択しなければならない。また、子どもは類似体験に「やったことがある」と興味を示すので、同じ教材を、年齢によって活動内容を変えて提供すると効果的である。
　②ねらいの設定
　その活動によって子どもが何を得ることができるか、その「ねらい」を定める。保育者の「願い」から定める「ねらい」であっても、あくまで子どもが主体であるから、文章表現上も「○○を楽しませる」ではなく、「○○を楽しむ」と書く。
　③活動の流れ、援助の流れを決定
　導入（動機づけ、子どもの興味の喚起）、展開、まとめ（満足感の確認と次回への興味づけ）を明確に意識して、子どもの活動の流れを決める。活動の流れがスムーズかどうか、その援助に漏れがないかどうかチェックをする。例えば、立ったり座ったりを頻繁に繰り返すことは好ましくないし、立ってもらう合図を忘れたために、子どもが戸惑うこと

などがあってはならない。内容的にも、「静」から「動」の動きに高めて、「静」で終了するという基本を踏まえたい。
　④指導上の留意点を考える
　子どもの反応や行動を可能な限り「予想」し、どうしたら保育者の「願い」どおりに子どもが活動してくれるか、あらかじめ考えておく。指導案では最も大切な部分である。

【参考文献】
　　山田俊之『ボディパーカッション入門』音楽之友社、2003年
　　音楽教育研究協会編『幼児の音楽教育』音楽教育研究協会、2009年
　　下田和男ほか編著『幼児の音楽と表現』建帛社、2009年
　　田中靖子監修『手あそび ゆびあそび うたあそび』アド・グリーン企画出
　　　　版、1999年
　　後藤田純生『世界のあそび歌35』音楽之友社、1997年
　　二階堂邦子編『てあそびうた（第1集～第5集）』学事出版、1996年
　　黒岩貞子編著『だれでもリトミック』アド・グリーン企画出版、1997年
　　静岡市ときわ保母会編『手あそび指あそび』（自主制作）、1999年

第5章
音楽的活動と他領域との関係

栗原 泰子

平成になってから幼児教育をめぐる状況は大きく変わってきており、それに対して文部科学省や厚生労働省もいろいろな施策を打ち出してきている。幼児の音楽的活動という一つの活動だけを取り出して考えていくだけではなく、それを多面的に見て、最終的には子どもの最善の利益につながるような活動内容を考えていかなければならない。ともすれば音楽的活動は、その出来栄えに保育者の意識が向かいがちであるが、子どもにとって楽しい遊びや生活の中にどのように位置づけていったらよいのかを考えていく必要がある。

　本章においては、幼稚園教育要領の改訂、保育所保育指針の改定を中心に、その背景を概観し、幼児の音楽的活動の見方や考え方の基礎となる保育内容の領域相互の関連について考えていく。

第 *1* 節　幼児教育をめぐる法令等の改正

1　教育基本法の改正

　教育基本法は、2006 年 12 月にその一部を改正した。幼児教育に関して言うならば、この法律に初めて幼児教育の目標が位置づけられたことが画期的なこととして挙げられる。幼児期の教育として第 11 条に次のような条文が新たに加えられた。

　　（幼児期の教育）
　　第 11 条　幼児期の教育は、生涯にわたる人格形成の基礎を培う重要なものであることにかんがみ、国及び地方公共団体は、幼児の健やかな成長に資する良好な環境の整備その他適当な方法によって、その振興に努めなければならない。

　この条文により、幼児教育は幼児教育施設のみならず、国や地域、家

庭など幼児にかかわるすべての者が協力して幼児を育てていくという方向性が打ち出されたこととなる。同時に教育における幼児教育の重要性を認めている点も画期的なこととされるであろう。この条項が付け加えられたことにより、幼稚園のみならず保育所もこの幼児期の教育に位置づけられていることは明確である。幼保のつながりを視野に入れながら、小学校との連携をも併せて考えながら保育を展開していくことが保育者には望まれているのである。

2　学校教育法の改正

　教育基本法の改正を受けて、学校教育法も2007年6月にその一部を改正した。学校教育法ではその第1条において学校の種類を規定しているが、従前のものは幼稚園は一番最後に加えられていた。今回の改正では第1条の学校の種類の一番最初に幼稚園が挙げられている。それを受けて、幼稚園に関する規定は従前の第7章から第3章へと変更されている。先に挙げた教育基本法に幼児期の教育という条項が追加されたことにより、幼稚園教育の目的や目標も改訂されている。

> 第22条　幼稚園は、義務教育及びその後の教育の基礎を培うものとして、幼児を保育し、幼児の健やかな成長のために適当な環境を与えて、その心身の発達を助長することを目的とする。

　新たに「義務教育及びその後の教育の基礎を培うものとして」、「幼児の健やかな成長のために」という文言が追加されている。これは学校教育の中での幼稚園教育の位置づけを示したもので、学校教育の連続性の中で幼稚園教育を考えていくことの必要性を示したものである。義務教育の始まりである小学校につながる教育段階として、その連続性を考えていく必要があり、また小学校と連携するための交流なども望まれているのである。これは先の教育基本法の幼児期の教育という条項から考え

ると、単に幼稚園だけの問題ではないのである。そこに保育所も同様に取り組んでいく必要が見いだせる。また、単に「心身の発達を助長する」という従前の文言に「健やかな成長のために」という言葉が加えられたことから、子どもの最善の利益を追求するという子どもに視点を置いた考え方が示されている。これは子どもの権利条約の根底をなす考え方であり、子ども一人ひとりに視点を置いたものである。

　次いで第23条では幼稚園教育の目標を5項目挙げている。幼児の音楽的活動に関連する目標として、「5　音楽、身体による表現、造形等に親しむことを通じて、豊かな感性と表現力の芽生えを養うこと」となっており、従前の「音楽、遊戯、絵画その他の方法により、創作的表現に対する興味を養うこと」という条文と比べてみると、音楽が、幼児が創作的表現に対する興味を持つための方法であったことに対して、豊かな感性と表現力の芽生えを養うことが目指されている点、実際の音楽的活動の考え方を変換していかなければならないものであろう。音楽的活動を通して培っていくべきものは幼児個々の豊かな感性や表現力の芽生えであり、それがその後に続く学校教育の中での経験と連続性を持ってこそ有効になるものであろう。

3　幼稚園教育要領の改訂

　幼稚園教育に関して言えば、2005年に中央教育審議会から「子どもを取り巻く環境の変化を踏まえた今後の幼児教育の在り方について」という報告が出されている。ここでも、幼稚園のみならず保育所をも含めた「幼児教育」に関する提言がなされている。具体的に見ると、幼児の発達やその学びを小学校教育との連続性を考慮した幼児教育の充実、そのための幼稚園教員や保育士などの専門性の向上、幼児教育施設による家庭や地域社会との連携などである。これらに加えて、先に挙げた教育基本法・学校教育法の改正を受けて、幼稚園教育要領は改訂されることとなる。

幼稚園教育要領は1989年の改訂において、領域がそれまでの6領域（「健康」「自然」「社会」「音楽リズム」「絵画制作」「言語」）から、現在の5領域（「健康」「人間関係」「環境」「言葉」「表現」）に再編成された。その後、1998年にも改訂され、今回の改訂に至っている。幼稚園教育の目標は先の学校教育法の改正に合わせて削除されている。第1章の総則の中に「教育課程に係る教育時間の終了後等に行う教育活動など」についての項目を設け、このことについては、第3章の「指導計画及び教育課程に係る教育時間の終了後等に行う教育活動などの留意事項」の部分でも詳しく述べられている。また子育て支援や預かり保育などについても述べられている。

　保育内容に関してはあまり大きな変化はないが、領域「表現」における変更点を見てみると、内容の取扱い（3）で「他の幼児の表現に触れられるよう配慮したりし、表現する過程を大切にして」という文言が追加されている。表現活動においては、どうしても出来上がりの方に保育者の意識が向かいがちであるが、そういう状況の反省から表現するその過程を大切にすることが目指されているのであろう。他の幼児のさまざまな表現に触れることから、幼児個々の感性が刺激され、新たな表現活動を展開していくきっかけとなることも考えられる。音楽的活動の場合も同様に、幼児が自分の感性を磨き、自己表現を楽しむことが最も大切にされるべきことなのである。

4　保育所保育指針の改定

　保育所をめぐる状況もいろいろな変化が見られる。2001年にそれまでの「保母」が「保育士」という名称となり、名称独占となった。これは、保育を業務として行う際に、実際に国に届け出をして「保育士」資格を取得した人以外、この名称を使用してはならないことになったということである。

　これまで保育所保育指針は幼稚園教育要領の改訂を受けて1年遅れで

改訂されてきたが、今回の改定は、2008年3月に幼稚園教育要領の改訂と同時に行われた。

　保育所保育指針について見てみると、今回の改定で一番大きな変革は保育所保育指針を厚生労働大臣告示として公布していることである。これまでの保育所保育指針は保育のガイドラインとしての性格を持っていたが、今回の改定では告示ということから、法令としての規範性を持ったということである。すなわち、これは守らなければならないという性格を新たに持ったということである。このことについて保育所保育指針解説書では、「①遵守しなければならないもの、②努力義務が課されるもの、③基本原則にとどめ、各保育所の創意や裁量を許容するもの、又は各保育所での取組が奨励されることや保育の実施上の配慮にとどまるものなどを区別して規定して」いるとしている。つまり、これを法令としてそこに規定されていることを踏まえたうえで保育を展開していく必要性があるということである。

　また保育者の側から見てみると、従前の3歳以上の各発達区分ごとに示されていた保育内容の領域がまとめられ、大きく養護に関する内容と教育に関する内容に構成されている。教育に関する内容は、幼稚園教育要領の保育内容に関する記述とほぼ同じ内容となっている。このことから、幼児教育に関する部分は同様の内容で進めていこうという方向性が見いだされる。しかし、これまでのように各発達段階ごとの目安として示されていたものが大きくまとめられ、幼稚園教育要領に近い形になったのは、保育現場において保育者の保育を展開する際に、保育者や保育園などの創意工夫が必要となったということである。幼保連携という観点から見ると、それは当然のことのようであるが、保育者の資質や力量のさらなる向上を求めるものでもある。

　保育内容領域「表現」について見てみると、幼稚園教育要領も保育所保育指針もそのねらいは同様の内容である。

　　①いろいろな物の美しさなどに対する豊かな感性を持つ。

②感じたことや考えたことを自分なりに表現して楽しむ。
③生活の中でイメージを豊かにし、様々な表現を楽しむ。

　内容については、多少違いが見られるが、「感じたことや考えたことを自分なりに表現することを通して、豊かな感性や表現する力を養い、創造性を豊かにする」という領域の目標は同様のものとなっている。以上のことから、そのことを目指して幼児にどのような活動内容を考えていけばよいのか、保育者はどのような環境構成をし、どのような援助をしていけばよいのかを考えていかなければならない。

第2節　幼児の音楽的活動と他領域との関係

1　領域の考え方

　幼児教育を展開していくうえで、保育者が幼児の活動を読み取っていく窓口として領域が設定されている。この領域はあくまでも保育者にとってのものであり、子どもたちは小学校のように今「○○」の時間というような認識は持っていない。子どもたちは「いま、ままごとしているの」「戦いごっこしている」「お絵かきをしている」などと、自分たちが取り組んでいる活動にそれぞれ思い思いのネーミングをして楽しんでいる。音楽的活動に関しても「みんなで歌を歌ったよ」「わたし、カスタネットたたいたの」「ウサギになったんだ」というように、具体的に話をする。このように、子ども自身には領域という概念はないということをまず前提として保育を考えていくべきである。

　それでは何のために領域が設定されているのであろう。文字どおり、領域は教科ではない。小学校の教科のように、それぞれの文化的背景を持って体系的に学年に合わせて組織されたものではないのである。小学

生は今何を学んでいるか、それが「国語」なのか「音楽」なのか、1年生の時から認識している。幼児教育における領域は、それとは全く異なる。子どもがある遊びをしている。例えば砂場で山を作っているところを考えてみよう。砂という素材は領域「環境」の保育教材としてとらえることができる。しかし、そこでトンネルを掘ろうというようなことが出てくると、これは「言葉」によってコミュニケーションをとるということになり、また役割を分担するということで「人間関係」という視点からもとらえることができる。天気の良い日に、外ではだしになって元気に遊ぶというのは「健康」の領域のねらいとされていることであり、砂や水を使って思い思いのイメージで砂遊びをするというのは「表現」の領域に入れることができる。

　以上のように、領域はあくまでも保育者が幼児の活動を見ていくうえでの視点であり、したがって一つの活動が一つの領域に対応するものではない。一つの活動を領域という視点で考えていくと、複数の領域、ときにはすべての領域から見ていくことが可能なのである。つまり、幼児の活動を多面的に見ていくことが、幼児の発達を支える学びへとつながるのである。

2　幼児の活動の見方

　幼児教育の対象には、満3歳以上が考えられている。幼児が満3歳になったら入園できる「満3歳児入園」というシステムも整えられ、幼稚園においても年度の途中から入園してくる子どももいる。幼児教育を行うに当たって、まず大切になるのは幼児個々を理解していくということであろう。3歳児のようにまだ言葉が十分に出ない場合は、表情や行動などから理解をしなければならない場合もあるだろう。5歳児のように自己主張や問題解決がある程度できるようになってくると、考えや思いを幼児自身から聞くということが可能になってくる。

　いずれにしても、保育者が常にアンテナを張って、子どもの内面の理

解を図るように努めなければならない。保育者というと子どもと遊んでいる商売と見られがちであるが、実は緻密な観察とその記録、そしてその子にとって最善の利益となるような保育の展開を常に考えているのが保育者なのである。

　保育者の思いと幼児の思いは、いつも一致するとは限らない。行事が近づいて、今日は子どもたちと合奏をやりたいと保育者が考えても、子どもが「今日は○○するんだ」と目を輝かせて登園してくるとちゅうちょしてしまう。行事の日は迫ってくる、子どもたちはあまり乗り気ではない、それでもやらなければならないとしたらどうすればよいのだろう。環境の構成や保育者の援助などをさまざまに工夫していくしかないのである。上から指示すれば、子どもたちはその活動をいやいやながらでも取り組むであろう。しかしそれでは、子どもたちの中に「嫌なことをやらされた」という思いが残ってしまうのである。

　幼児とともに保育があり、保育によって子どもの発達が促されると同時に、保育者としての育ちも幼児とともにある。日々の保育の中で、幼児個々にとってよりよい内容とするための幼児理解は、非常に大切なものとなるのである。実際の保育の記録の取り方については、各園で所定の様式があるものもあり、さまざまであるが、基本的には幼稚園の教育実習や保育所の保育実習などにおいて記録をした実習日誌などが参考になるであろう。実際に記録を取るときに留意しなければならない点としては、日時を必ず記録すること、幼児の名前を記録すること、遊びなどについて保育が終わった後に想起できる程度のメモにしておくことなどである。保育が終わった後に記録を整理し、また自分の担当している子どもたちのそれぞれについて、その日に何をしていたのかを転記していく。そうすることで、その日保育者があまり気づかなかった子どもが明らかになり、翌日の観察へと向かわせる。それぞれの遊びについての記録も、幼児同士の人間関係や遊びそのものの展開過程を明らかにしてくれる。このように、いくつかの観点を設けて観察し、記録し、それを蓄

積していくことによって、幼児一人ひとりの学びや発達の状況、性格や行動特性を理解することができ、それがそれぞれの幼児への援助へとつながっていくのである。

3　各領域から見た幼児の音楽的活動のとらえ方

　前節で、幼稚園教育要領と保育所保育指針の保育内容に関する記述はほぼ同じものとなった、と述べた。ここでは、幼稚園教育要領の「第2章　ねらい及び内容」から、それぞれの領域から見た幼児の音楽的活動の考え方について見ていくことにする。ここでは5つの領域について、「ねらい」「内容」「内容の取扱い」(保育所保育指針では、領域ごとには示されず、「保育の実施上の配慮事項」としてまとめて示されている)の3つの項目が設定され、「ねらい」は各領域3つずつであり、幼稚園修了までに育つことが期待される心情・意欲・態度について書かれている。「内容」は各領域10項目程度設定されている。保育者はこれらの記述をヒントとして、保育を考えていくこととなる。

(1) 領域「健康」

　「内容」を見てみると、「(2) いろいろな遊びの中で十分に体を動かす。(3) 進んで戸外で遊ぶ。(4) 様々な活動に親しみ、楽しんで取り組む。」などが幼児の音楽的活動を考える際のヒントとなる。いろいろな遊びの中に身体表現活動やリズム感を楽しむ活動などが含まれており、音楽的な要素を含んだ活動は多くあるからである。そう考えると領域「健康」の内容を持った音楽的活動という視点で活動を考えていくことができる。つまり、領域「健康」の中で取り上げられている活動も、音楽的活動という視点で考えることが可能なのである。

(2) 領域「人間関係」

　「内容」の「(1) 先生や友達と共に過ごすことの喜びを味わう。(2)

自分で考え、自分で行動する。(3) 自分でできることは自分でする。(4) いろいろな遊びを楽しみながら物事をやり遂げようとする気持ちをもつ。(5) 友達と積極的にかかわりながら喜びや悲しみを共感し合う。(8) 友達と楽しく活動する中で、共通の目的を見いだし、工夫したり、協力したりなどする。」などは、みんなで音楽的活動を作り上げたり、きれいに聞こえるように仕上げていく際に必要なものである。

(3) 領域「環境」

「内容」の「(2) 生活の中で、様々な物に触れ、その性質や仕組みに興味や関心をもつ。(6) 身近な物を大切にする。(7) 身近な物や遊具に興味をもってかかわり、考えたり、試したりして工夫して遊ぶ。」などは、楽器を扱う際に必要となってくるものであろう。鈴や太鼓、トライアングルやハーモニカ、笛など、どうして音が出るのかを試してみることから始めると、子どもたちは興味を持つようである。楽器の使い方をまず最初に教えるのではなく、「いろいろな音を出してみよう」ということから始めると、楽器以外の音に興味を持ったり、スティックを持って園内のいろいろな物の音を探したりという活動が展開されるであろう。

(4) 領域「言葉」

歌を歌う際の歌詞は言葉を使ったものであり、幼児は歌うことによって言葉にも興味を持ったり、新しい言葉を習得したりしていく。「内容」の「(2) したり、見たり、聞いたり、感じたり、考えたりなどしたことを自分なりに言葉で表現する。(6) 親しみをもって日常のあいさつをする。(7) 生活の中で言葉の楽しさや美しさに気付く。(8) いろいろな体験を通じてイメージや言葉を豊かにする。」などは、言葉遊びから言葉遊び歌へ、自分自身が遊びを楽しみながらその行動を言語化し、それにメロディーを付けて楽しむようなことが考えられるであろう。幼児と共に歌を歌う場合でも、歌詞を書いて壁や黒板に張り、それを使って歌わ

せるのでは、幼児もやらされているという意識を持ってしまいがちである。幼い子どもが歌を覚える過程を考えると、何度も親や保育者が歌うのを聞き、それから自分でも歌える部分を歌い出し、最終的に一つの曲を歌うことができるようになるのである。歌を聞くことで幼児の感性を刺激し、そこから自分の気に入った部分を再現するということが望ましいであろう。

　筆者が2歳児と共に『ぞうさん』（まどみちお作詞／團伊玖磨作曲）の歌を一緒に歌ったときのことであるが、何度歌ってもその男児は「ぞうさん」の「ぞう」の最初の音が出ない。何度やっても歌わない。でも歌の最後の方で「そうよ、かあさんもなーがいのよー」という部分が近くなると、緊張して一生懸命首を上下に振りながら「よー」の部分だけを歌い、満足げにしているのだ。これを見たときに、この子にとってのぞうさんは「よー」が大好きな部分なのだなと気づいた。「よー」を歌うと、「もう一回」と何度でも歌うことを促す。そうやって歌を覚えていくのもいいのかなと思うのである。

(5) 領域「表現」

　この領域は「感じたことや考えたことを自分なりに表現することを通して、豊かな感性や表現する力を養い、創造性を豊かにする」こととして設定されたものである。音楽的活動というと保育者の多くはこの領域を考えると思うので、少し詳しく見ていくこととする。

　「ねらい」は「(1) いろいろなものの美しさなどに対する豊かな感性をもつ。(2)感じたことや考えたことを自分なりに表現して楽しむ。(3) 生活の中でイメージを豊かにし、様々な表現を楽しむ。」の3つである。音楽的活動を考えた場合、これら3つのねらいから引き出された活動を考えていくことが必要であろう。「いろいろなもの」「自分なりに」「イメージを豊かにし」「様々な表現」などを具体的に考えていくことで、幼児の学びを支える保育教材を考えていくことが可能になるであろう。

「内容」についても「(1) 生活の中で様々な音、色、形、手触り、動きなどに気付いたり、感じたりするなどして楽しむ。(2) 生活の中で美しいものや心を動かす出来事に触れ、イメージを豊かにする。(3) 様々な出来事の中で、感動したことを伝え合う楽しさを味わう。(4) 感じたこと、考えたことなどを音や動きなどで表現したり、自由にかいたり、つくったりなどする。(6) 音楽に親しみ、歌を歌ったり、簡単なリズム楽器を使ったりなどする楽しさを味わう。」などは、幼児の音楽活動を支えるヒントとなる。最初に音楽があるのではなく、子どもの経験の中で「様々な音」や「動き」などに気づくこと、「美しいものや心を動かす出来事に触れ」ることで「イメージを豊かに」していくこと、「感動したことを伝え合う」ことなどは、幼児の感性を磨くための重要なものである。そういう経験を積み重ねていくことによって、「音楽に親しみ、歌を歌ったり、簡単なリズム楽器を使ったりする」ことが楽しくなるのである。

　幼児は、歌を歌ったり合奏をしたりするときに、今音楽を楽しんでいる、と感じているとは限らない。隣に大好きなお友達がいて、その子とときどき顔を見合わせながら歌うのが楽しい、鈴を足につけてもいい音がすることを発見して友達に教えてあげる、音楽会で保護者や地域の人たちが見ている前で緊張はするけれども上手にできた満足感、などは音楽的活動をする中から生まれてきたものではあるが、こういうことは他領域との関連を考えていくことから見いだせるものであろう。

第3節　楽しく遊ぶ中での学びを支えるために

1　保育者の資質向上について

　幼稚園教育要領や保育所保育指針の中で、保育者の専門性（資質）を向上させていくべきことが述べられている。保育者に望まれている資質とはどのようなものであろうか。一般的には、保育に関する専門的知識、保育技術、そして保育者自身の人間性が挙げられている。しかも、それは養成段階で形成されるものではなく、保育者になってからも不断の努力によってその向上を目指すべきものであることも書かれている。子育て支援や保幼小連携、さまざまな保育ニーズに対応することを考えると、ますます保育者に対する要求は多様になってくると思われる。そこで、2002年に文部科学省から出された「幼稚園教員の資質向上について―自ら学ぶ幼稚園教員のために―」という文書からそのことについて考えてみたいと思う。

　まず、幼稚園教員に求められる資質には「不易」と「流行」の部分があるとされている。「不易」とはいつの時代にも求められるもので、具体的には幼児を理解したり、実際の保育の展開を考えていくうえで必要となるようなものである。それに対して「流行」とは、幼児を取り巻く環境が変化していく中で、それに対応するために必要となるようなものである。そのためには「幅広い生活体験や社会体験を背景とした柔軟性やたくましさを基礎として向上させていく」ものであるとしている。そして幼稚園教員に求められる専門性として、(1) 幼稚園教員としての資質、(2) 幼児理解・総合的に指導する力、(3) 具体的に保育を構想する力、実践力、(4) 得意分野の育成、教員集団の一員としての協働性、(5) 特別な教育的配慮を要する幼児に対応する力、(6) 小学校や保育所との連携を推進する力、(7) 保護者及び地域社会との関係を構築する力、(8)

園長など管理職が発揮するリーダーシップ、(9) 人権に対する理解、の9項目が挙げられている。

　この中で (8) 以外は、学生の時から養成することが可能なものであろう。保育者養成をしていく中で学ばなければならない内容は、これらのことを考慮したうえでより良い保育者となるよう、各養成機関が教育課程を編成しているものである。それぞれの教科目を履修するだけではなく、そこから興味を持って自分の学習を深めていく態度が必要となってくるであろう。特にここでは (4) の得意分野の育成について考えてみたい。

　筆者自身が養成を受けていた時代は、何でもできるようになることが求められていた。いろいろな幼児に対応するということは、保育者が広い知識や技術を持ち、幼児の要求に瞬時に対応していくものであるというように、いわば千手観音のようなイメージを持っていた。しかし、この「得意分野の育成」というキーワードは、一つのことを考えるきっかけとなった。まんべんなくではなく、何か一つ自分が自信を持てるものを作ることで、それが他の分野にも広がっていくのではないかということである。自分の不得意な分野を認知することにより、それを克服する方向が生まれ、また得意な分野から子どもと共に楽しく遊ぶことができる。それが相互に働くことによって、資質もまた向上していくと考える。

2　ピアノを弾くということについて

　よく学生が就職を考える際に、「私はピアノが弾けないから保育所に行きます」とか「幼稚園は一日に何曲もピアノを弾かなければならないから試験に落ちますよね」などと不安を訴えてくることが多い。幼稚園の教育実習や保育所における保育実習などの経験からそう考えているのであろうが、どうしてもピアノに意識が向かってしまうことに問題を感じてしまう。

　保育現場では、保育室にほとんどの場合ピアノやキーボードが設置さ

れており、保育者もそれを利用して保育を展開している。しかし、自分自身の技術的な観点から就職先を考えたり、実習に対して不安を感じてしまうのでは、そこには幼児の学びという視点はないであろう。保育者養成は2年間あるいは4年間で行われている。「できないよりもできたほうがよい」という考えで取り組むべきものであろう。できなければそれに代わる教材を工夫していくべきであろう。「弾けない」ということは言い訳にはならないのである。「絵がかけないから」「走るのが遅いから」という言い訳をして保育者にならない学生はいないからである。

　音楽的な活動は幼児も大好きである。楽しいときには身体が自然に動き、歌とも何ともつかないものが口から流れている。小学校への連続性を意識して、教科としての音楽へつなげていくのではなく、音楽を楽しむための幼児の感性を磨き、創造性を豊かにしていくことをその第一義とすべきであろう。

【参考文献】
　　文部科学省編『幼稚園教育要領解説』フレーベル館、2008年
　　厚生労働省編『保育所保育指針解説書』フレーベル館、2008年
　　子どもと保育総合研究所ほか編『最新保育資料集2008』ミネルヴァ書房、
　　　2008年
　　無藤隆ほか編「新幼稚園教育要領・新保育所保育指針のすべて」『別冊発
　　　達』29号、ミネルヴァ書房、2009年

第6章
歌う表現活動の展開例

庄司 洋江

乳幼児の音楽表現の中心となり、日常的な部分を占める活動は、歌う活動であると言える。保育の場面で、歌は欠かせないものである。クラスの皆と声を合わせて歌うと、身も心も晴れやかで開放的になり、言葉を交わさないでも、子どもと子ども、子どもと保育者とを結びつけ、互いの存在を認め、共感を抱くことができる。

第1節　乳幼児の「歌う」とは

1　乳幼児期の歌

　歌が無感動のまま歌われているとしたら、表現教育や感性に対する教育が意味をなしていないということになる。ところで乳幼児期の歌とはどんな歌であろうか。乳児期から幼児期初めは、言葉を発しているだけなのか歌っているのか判断しにくいことが多い。幼児期初期は、一曲を歌い通すことができず、気に入った部分のみを自分の世界に入り込んで、さも上手に歌っているかのように歌う。「でたらめ歌」とまでは言えないが、音程やリズム、歌詞などはそれに近い。しかし、本人はいたって満足げである。この光景を目の当たりにすると、「でたらめ歌」であっても何かを伝えようとしていたり、本人のその態度から「歌う」という表現がなされているのであれば、表現教育にとっては意味をなすものといえる。そして、乳幼児期の自己中心的な歌い方に対しては、周りの人々の受容や誘いかけが、歌う喜びにつながっていく。

2　歌う活動の発達

　胎児が母体から抜け出るその瞬間、自分の存在を「産声」という表現手段により伝える。最初に発する産声は「一点イ音」と言われる。その後、泣くことで感情を伝え、生後2カ月から3カ月ごろになると「アー

アー」などの喃語が始まる。特に機嫌のよいときに発せられるが、この
ときの母親との音声のやりとりなどによって喃語は増していく。この喃
語が言葉や歌へとつながっていく。

　生後6カ月ころになると、泣き声も抑揚のある力強いものとなり7〜
8カ月以降「初語」が生まれ、言語面が発達していく。

　歌唱面では、1歳になったころ、周りにいる人々の歌いかけや、さま
ざまな音楽情報により、自分自身興味のある、気に入った部分の一節を
口ずさんだり「ハイ！」や「ヘーイ！」などの掛け声のみを歌って満足
している姿も見られる。

　2歳を過ぎると歌らしくなり、3歳になると1曲を通して歌えるよう
になる。しかしまだ音程やリズムがあいまいであり、高音部分は低め、
低音部分は高めに歌ってしまう。まだ皆と一緒に声を合わせて歌うより
は、いわゆる「一人歌い」を好む。呼気と吸気のコントロールがうまく
いかず、吸いながら歌ってしまったり発音も不明瞭である。

　4歳になると皆と一緒に声を合わせて歌ったり、登場人物になりきっ
て歌う場面もある。また、歌に対して好き嫌いの好みが出てくる。

　5歳では音程も安定し、歌詞の意味をとらえた表現ができ、情感をこ
めた歌い方をする。また、どなる声と美しく響く声の出し方にも注意を
払えるようになるが、男の子は歌をあまり好まない傾向となる。

3　幼児の歌唱の特徴とその指導

(1) 発音

　乳幼児期は、幼児なまりと言われる不正構音での発音が目立つ。「お
かあさん」を「おかーたん」など、違う言葉に置き換えて発音する。筆
者は、800件ほどの36カ月児の歌唱や言葉を聴取したが、幼児なまり
はほとんどの子どもに見受けられた。3歳を過ぎ、言葉の獲得が増すと
なくなっていくが、子どもが「ぞーうさん、ぞーうさん」を「どーう
たん、どーうたん」と歌う際には、発音の矯正を行うことが効果的である。

(2) 発声と呼吸

　乳幼児の声帯は弱く傷つきやすい。身体も発育途中であり、発声器官も未熟でコントロール能力もないため、無理した発声となることがある。また、気持ちをセーブすることができず、どなり声で歌い、それを続けることにより、声帯に負担がかかる。さらに、どなる声は周りの友達や保育者の声を聞き取りにくくし、声を合わせる喜びや楽しみを感じることができなくなってしまう。したがって保育者が安易に「元気に歌いましょう！」と促すことは良い結果を生まない。「大きなボールが弾んでいるように」「大きな熊さんがノッソノッソ歩いているように」など、「元気よく」という言葉ではなく、ほかの言葉を使って促すことが必要である。

　また、子どもの声の持続時間は短い。呼気と吸気のコントロールがうまくいかず、息を吸いながら歌ったり、いっぺんに息を使ってしまい、途中で息を吸ってしまったりもする。言葉と言葉の区切りの部分で息を吸って歌うことを、徐々に教えていきたい。

(3) 声域

　乳幼児の声域の発達に関しては諸説があるが、大人と比べると幼児の声域は狭く、個人差も大きい。おおむね「一点ハ」か「一点ニ」音から、「一点ト」か「一点イ」音までが、無理なく自然に声が出せる範囲である。この限られた音域で歌うことが無理のない状態になったとき、より広い範囲の音域を導入する。そしてこの歌唱音域は、年齢と経験に伴って広がる。

第 2 節　歌唱教材

1　教材の選択

　たくさんの歌唱曲の中から、幼児期にふさわしい歌を選択するのは、保育者自身や園、親の判断による。集団による場合は、指導目標あるいは達成目標に応じた歌を選択する必要がある。小学校や中学校では共通教材が決められており、その歌を教材として扱うことになるが、乳幼児期の歌は、保育所や幼稚園、あるいは保育者に任されている。

　では、どんな教材を選択したらよいのか。乳幼児にとってふさわしい歌とはどんなものなのか。

(1) 幼児が美しい・楽しいと感じる歌

　実際に歌を歌う幼児が、「この歌ってきれいだな」とか「この歌を歌うと楽しいな」と感じるものを選曲することが大切である。美しいと感じる歌は、メロディーの流れが自然で、順次進行と跳躍進行がうまく結びついているものといえる。また、ハーモニーの美しさが幼児の気持ちを揺さぶり、美しいと感じるであろう。

　楽しめる歌とは、一般的にリズミカルで、飛び跳ねたり自然に身体を動かしたくなるような歌である。歌詞の内容が、幼児の生活や遊びであったり空想したくなるものであったりし、楽しめる歌となる。また、擬声語や擬態語など擬音が使われているものは、子どもにとって魅力的な歌である。さらに、意味のない語音をつなげた言葉の歌も、遊びとしての要素を膨らませることになり、これも楽しめる歌となる。

(2) 音楽的に優れた歌

　乳幼児に与える歌として、ただ単に簡易な歌を選曲することが良いと

はいえない。乳幼児だからこそ、音楽的に優れたものを与えたい。

では、優れた歌とはいったいどのようなものをいうのだろうか。歌とは「言葉」と「音楽」が一体となったものであるが、詩の内容が音楽のメロディーやハーモニーやリズムと有機的に結びつき、まとまりのある形を構成し、人に訴えかけ歌い継がれているものといえはしないだろうか。

(3) 歌唱能力に合った歌

幼児は身体や声帯が未発達である。しかし、多くの子どもの歌は、簡易なものから複雑なものまで多種多様である。その中から、乳幼児の歌唱能力に合った歌を選びたい。

まず、幼児の歌唱音域を考慮したい。先に述べたように、おおむね「一点ハ」「一点ニ」から「一点ト」「一点イ」あたりが、ほとんどの子どもが歌える音域である。また、下行音型のもの、順次進行のもの、単語の反復、旋律パターンの繰り返しの多いものが、歌を歌い始めるころの幼児に合った教材と言える。例えば『むすんでひらいて』『きらきら星』『マクドナルド爺さん』などである。

またオルフ（Orff, C. 1895～1982）は、「ペンタトニック音階（5音音階）」と呼ばれる音の連続が子どもの初歩的な調性を表していると言っているが、日本の子どもの歌として歌い継がれている『ちゅうりっぷ』『こいのぼり』『お正月』『まつぼっくり』などはペンタトニックであり、子どもにとっても歌いやすい。

また、「ぞーうさん、ぞーうさん」のように、1小節ごとに息継ぎをしても歌として成立するものは歌いやすく、子どもの歌唱能力に合っていると考えられる。『楽しいね』についても、全体的には音楽の高度な要素が含まれているものの、「たのしいね　りょうてをあわすと……あなたのみぎて……」と言葉のシラブルが短く、旋律も途切れるため、歌いやすい。

また明るく元気な躍動感ある歌を子どもが好むからといって、弾んだ曲ばかりを選曲することは良くない。ときには声帯に負担がかからず、しかも自然体で無理なく歌えるゆったりとした歌も選曲したい。

2　教材研究の方法

　教材が決まり、歌唱活動をクラス活動として行う場合は、教材研究をし、曲分析することが幼児の歌唱指導に役立つ。その具体的な方法を示そう。

　まず歌を選曲し、何度も繰り返し歌ったり旋律楽器で弾いて、その歌の持つイメージをつかむ。繰り返し歌うと、その歌の持つ魅力を感じ、好感を持つようになる。まず指導者がその歌に好感を抱くことが大切である。

　次に、その歌が伝えようとしていること、表そうとしていることについて考えてみる。つまり曲趣である。「○○の喜び」「○○○の様子」などの表し方をする。そして、その曲趣を伝えるために中心的に扱う音楽的要素は何か、楽曲の構成を分析してみたい（**表1**）。

　このように曲を分析し、指導をする際にどのようなことに留意したらよいかを考え、教材化を図ると、自信を持って指導に当たることができる。また、教材研究によりその曲の意味するものや魅力を探ることによって、さらに子どもたちに伝えたいという欲求と使命感も生まれてくる。多種多様な歌が存在する現在、どの歌を与えたらよいかの指針ともなりうるので、そういった意味からも教材研究が必要である。

表1◆楽曲の構成分析法

楽曲の構成	説　　　明
(1) 形　式	子どもの歌は短いため、4小節を最小単位とし、それを1フレーズとする。 ＊1フレーズの曲＝「1フレーズ構成による1部形式」 ＊2フレーズの曲＝「2フレーズ構成による1部形式」 ＊3フレーズの曲＝「3フレーズ構成による縮小3部形式」 　　　　　　　　（A〔4小節〕B〔4小節〕A〔4小節〕の曲） ＊3フレーズの曲＝「3フレーズ構成による1部形式」 ＊4フレーズの曲＝「4フレーズ構成による2部形式」 　　　　　　　　（2フレーズ目の最後の音が「ド」で終止している） ＊4フレーズの曲＝「4フレーズ構成による1部形式」 　　　　　　　　（2フレーズ目の最後の音が「ド」で終止していない）
(2) 速　度	表示されている速度や速度記号。表示されていない場合は、適当と思われる速度を考える。
(3) 拍　子	表示されている拍子。
(4) リズム	1小節ごとのリズム。あるいは「スキップリズムが中心」というように、特徴的なリズムをとらえて表す。
(5) 旋　律	①音階（移動ド読みで考える） ＊ドレミファソラシのすべての音が使われているもの＝「全音階」 ＊ファとシが使われておらず、ドレミソラが使われているもの＝「ファとシがないドレミソラの5音音階」 ＊その他：「○○○○○○の音が使われている」 ②旋律の進行 ＊旋律が隣の音へ進む進行＝「順次進行」 ＊3度や4度と跳躍する進行＝「跳躍進行」 ③曲の山 曲の中で一番伝えようとする部分のことで、音が一番高い所あるいは一番低い所など、頂点あるいは中心となる箇所。
(6) 調　性	曲の調性。
(7) 和　声	その曲の調性のⅠの和音がドミソ、Ⅳの和音がファラド、Ⅴの和音がソシレであり、Ⅰ、Ⅳ、Ⅴの和音をまとめて、主要三和音という。Ⅱ、Ⅲ、Ⅵ、Ⅶを副三和音という。また、元の調性で使われない臨時記号が出現した場合は、借用和音が使われていることが多い。
(8) 音　域	歌唱部分の一番低い音から一番高い音。
(9) 歌　詞	すべての歌詞。
(10) 伴　奏	伴奏型

<構成分析の事例>「たなばた」(林 柳波作詞／下総皖一作曲)

教材研究	指導の研究
曲趣：行事「たなばた」に託す子どもの夢 中心に扱う音楽的要素： (1) レガートでゆったりとした4分音符の歌い方 　　　　　　　　　　　　(2) 上下3度音程の跳躍進行の歌い方 　　　　　　　　　　　　(3) クレッシェンドとデクレッシェンドの歌い方 　　　　　　　　　　　　(4) サ行の歌い	
楽曲の構成 (1) 形式　　A（4小節）B（4小節）の2 　　　　　　フレーズ構成による1部形式 (2) 速度　　♩＝116 (3) 拍子　　4分の4拍子 (4) リズム　①♩♩♩♩ ②♩♫♩ 　　　　　　③♩♩♩♩ ④♩♫♩ 　　　　　　以上4つから成り単純である (5) 旋律 　①ファとシのないドレミソラの5音音階 　②順次進行と跳躍進行 　③曲の山は2フレーズ目の前半 (6) 調性　ト長調 (7) 和声　属七を含んだ主要三和音が中心 (8) 音域　一点ニ～二点ニ (9) 歌詞 1番　ささのはさらさら　のきばにゆれる 　　　おほしさまきらきら　きんぎんすなご 2番　ごしきのたんざく　わたしがかいた 　　　おほしさまきらきら　そらからみてる (10) 伴奏　　全音符の和音伴奏	・AとBのフレーズを交互唱したり、楽器で演奏する際、フレーズをわきまえた指導にしたい。 ・♩＝96くらいの速さで、身体を少し揺らしながら歌わせたい。 ・音符と音符をつなぎ、レガートで歌わせたい。 ・小節の頭にアクセントが付かないよう注意して歌わせたい。 ・4分音符が中心で、音の高低関係がとらえやすい曲なので、星のペープサートを用意し、それを上げ下げして視覚から旋律線を把握させたい。 ・音が高くなるにつれて強く、低くなると弱く、という関係性をとらえさせたい。 ・ト長調の明るさや美しさを感じさせたい。 ・高音部分が多いが、「きれいな声で歌う」という意識づけをしながら、高い声の出し方を工夫させたい。また、曲趣に触れ、大きな声で歌わなくてもよいことに気づかせたい。 ・七夕祭りの由来を話し、短冊を笹竹に飾る活動を通して「のきば」「すなご」「ごしき」「たんざく」などの言葉の意味を伝えたい。 ・特にサ行の言葉が多いが、口形に留意し、一語一語明確に美しく発音できるようにさせたい。 ・「きんぎん」「すなご」「わたしが」の鼻濁音の発音に気をつけさせたい。 ・アルペジオをきれいに弾きたい。

たなばた

林　柳波　作詞
下総皖一　作曲

♩=116　mf

ささのは　さらさら　のきばに　ゆれる
ごしきの　たんざく　わたしが　かいた

おほしさま　きらきら　きんぎん　すなご
おほしさま　きらきら　そらから　みてる

第3節　歌唱指導の方法

1　歌唱表現が豊かに展開されるには

　乳幼児期の歌唱表現が豊かに展開されるには、どのような点に配慮したらよいのであろう。乳児期や幼児期初期では、大人側からの働きかけが中心となる。幼児期は、幼児の心情や意欲や態度が高まるような働きかけにより、幼児が自分から取り組もうとするように促すことが大切となる。

　乳児は産声を上げて外界に出てきた時から、さまざまな音や音声や歌声を聞いて育つ。抱かれていても身体をくねらし、音のする方向に目を向け興味を示す。歩き出すころには、一緒に歌いたいが歌えず、身体を揺らすなどの動きの表現により、音楽的刺激に反応する。その時期は「ため込みの時期」であり、歌い出す前の準備期間である。保育者や母親の

目や口元をじっと見て、次の模倣時期に備えている。そんなときは、温かく包み込むような優しい声で歌って聞かせることが、周りの大人たちに要求される。子どもによって、またそのときの状況によって、反応に違いがあるものの、歌いかけるという音楽的刺激が必要である。親や保育者との一対一の音楽的交流が望まれる。さらに、集団に入る前の段階では、毎日のように、できるだけ長く歌を聞かせたい。

　また、幼児は遊びに夢中になると、自然に覚えた歌を口ずさんだり、即興的な歌を歌い出したりする。保育者はじっと聞いて見守っていることが大切である。自然発生的に歌が生まれ、複数人で声高らかに歌い出したときは保育者も一緒に加わって歌い、その共有体験は、心に響く豊かな体験となって蓄積される。幼児期の活動は、そういった偶然に呼び起こされたものに対し周りの大人がどう対処していくかにより、豊かな活動になるかどうかが決まる。

　クラス活動の場面においては、「さあ、歌いましょう」という誘いに乗り、歌う気持ちが高まって歌うことはもちろんあるが、無気力さを表したり、それとは反対に反抗するように大声で歌うこともある。幼児が本気になって歌うという気持ちを引き出すことは難しいが、皆で心を一つにして歌うことの喜びは、ぜひとも味わわせたい。また、遊びや生活を通して愛唱歌を多く持てるよう、機会を見つけて歌を提供できるとよい。それに続いて、発音、発声、リズムに気をつけて歌えるよう徐々に指導する。

　幼児の音楽表現においては、あくまでも結果より過程を尊重することが大切である。芸術という表現のジャンルに当てはめてみようとすることは好ましくない。表現したくなる気持ちにさせる環境を整えることが大切である。そして快い声や音に心が動かされる体験の積み重ねが必要である。そのためには、保育者が美しい声や音へのこだわりを持ち、自身の音楽表現を充実させたい。

2 歌唱指導の展開の方法

園生活の中で展開される歌唱活動を次の2つに分けて考えてみたい。

(1) 遊びの中で生まれる

朝、登園後子どもたちは自由に遊び始める。前日からの続きで遊ぶ子どもや、何の遊びをしようか迷っている子ども、何ということなく土いじりを始める子どもとさまざまである。そんな中、偶然によって生まれた歌が引き金となり、歌唱活動が豊かなものになることがある。ここに一例を紹介したい。

滑り台で遊んでいた子どもが、熱くなっている滑り台を保育者に触ってみるよう促すと、「アイロンみたい」「アイロンの歌あるけど知ってる?」という会話に発展し、この歌がクラス皆に伝わっていった。その結果、「ジュッ、ジュッ、ジュッ」という擬音語のおもしろさを体験したり、オルガンでの探り弾きをする中で、ドからはうまく弾けるがレからだと変になってしまうということに気づいたり、異年齢が集まる集会での年少児のつたない歌い方を年長児が思いやるなど、多くのものを子どもに残した。この活動の展開は、指導者が子どもの声を常日ごろよく聞いていることにより始まった。このような展開が発生することが望まれる。

(2) クラス活動での展開

自由な遊びにいったん区切りをつけ、クラス全員で一斉に活動するクラス活動においては、子どもたちの発言を受けながら、望ましい方向に導く指導が要求される。そこでは保育者のねらいや願いの明確化と、子ども一人ひとりを見る力、発言の受け止め方および誘い出しやイメージづくりへの援助など、保育者の援助的指導の役割は大きい。具体的な展開については、次項を参考にしてほしい。

どのような歌い方が望ましいのか、声の出し方はどうあったらよいの

か、正しい歌い方とはどのようなものか、子どもの歌声はどうあったらよいのか、など保育者自身の考え方や歌い方が問われる。歌声は、ただ単に言葉を発するのではなく、話し言葉とは違った、歌声としての声で歌うことが必要である。どなったりしないで、自然な声で曲趣や曲想に合った歌い方で、素直で明るくポルタメントを付けずに歌えることが望ましい。保育者の問いや言葉の投げかけ方によっては、どなったり音高を無視した一本調子で歌ったりすることがあるが、問いかけ方を変えたり、ほかの友達の声を聞き合ったり、瞬時の対応が求められる。歌声は子どもの心情を映し出すものでもあるため、子どもの心の安定、あるいは導入時における快の状況を作り出す努力も必要となる。

3　歌う活動の展開例

　歌を選曲し、それを教材化するに当たって、教材研究を行うことは前述した。次にクラス活動での具体的な展開例を示す。これはあくまでも一例にすぎないので、中心に扱う音楽的要素を見いだした後、子どもが興味を持って歌う活動に取り組めるよう、いっそうの工夫を望む。

(1) 展開例
　1）曲名『せんせいと おともだち』(吉岡治作詞／越部信義作曲)
　2）扱う時期とねらい
　　　親と子という小さい単位での人とのつながりから、急に大勢の団の中に入り、しかも親から離れての生活は、入園当初子どもにとって不安な気持ちでいっぱいである。そんな子どもの気持ちを受け止め、園に早くなじんでもらえるように、歌を通して子どもに伝える。
　3）中心に扱う音楽的要素
　　　①跳躍音程の歌い方
　　　②付点音符や休符の歌い方
　　　③擬音語の歌い方

4) 展開
   ①替え歌:「せんせい」を「ゆういちくん」「じゅんぺいくん」「めぐみちゃん」などの友達の名前に替えて歌う。
   ②動作:「せんせいとおともだち」は、拍に合わせて2人で両手をつないで揺すったり、二手に分かれた場所から向き合いながら歩く。「握手をしよう」は、歌詞のとおり動作する。
   ③弾く活動:簡易な無音程打楽器を使い、楽器に親しむ。
5) 指導上の留意点
   ①「せんせいと」「し・よ・う」など跳躍音程に注意し、誰とお友達か、どんな動作をするのか歌詞を正確に伝え、「せんせい」「握手」「あいさつ」「にらめっこ」の言葉を明瞭に発音する。
   ②「ギュッ」の擬音語の発音や、休符の長さに気をつけて歌う。
   ③前奏のスタッカートや付点のリズムを明確に弾き、楽しい気持ちになれるように伴奏する。

(2) 4曲の展開例

歌唱の展開の際の参考として、「中心に扱う音楽的要素」および「指導上の留意点」を表に示しておく。

＊『山のワルツ』(香山美子作詞／湯山 昭作曲)	
1) 中心に扱う音楽的要素	①3拍子の歌い方 ②跳躍音程（3度、4度音程）の歌い方 ③付点4分音符の歌い方 ④シンコペーションの歌い方 ⑤クレッシェンドの歌い方 ⑥前奏が伝えるもの
2) 指導上の留意点	2拍子や4拍子を経験後、3拍子も経験させ、高度な跳躍音程の歌い方やフラット系の調性の歌を経験させたいときに歌う。「どんな幼稚園？」「8時には誰が幼稚園に来る？」と問いかけたり、歌を教えた後に前奏を聞かせ、想像したことを話させる。また、2拍子や4拍子の曲との違いを「ロンリムリム」の箇所を例に挙げながら拍子打ちを行うことで感じさせる。さらにその箇所の跳躍音程の歌い方に慣れるよう繰り返し歌う中で、クレッシェンドの歌い方も経験してみる。

*『ふしぎなポケット』(まどみちお作詞／渡辺 茂作曲)	
1）中心に扱う音楽的要素	①旋律を弾かない伴奏で歌う歌い方 ②跳躍音程と順次進行の歌い方 ③速度変化に対応した歌い方 ④前奏と後奏の聴取
2）指導上の留意点	好奇心旺盛な子どもにとって、不思議な出来事は特に興味をひかれるものだが、音楽を通してさらに楽しい経験をさせたい。跳躍進行と順次進行の違いや、速度の違いによる曲想の違いを感じさせたい。また、歌を覚える初期段階では旋律楽器を使い、音程を正しく伝えるが、徐々に旋律を弾かない伴奏でも歌ってみる。
*『山の音楽家』(水田詩仙訳詞／ドイツ民謡)	
1）中心に扱う音楽的要素	①弱起の歌い方 ②擬音語の歌い方 ③強弱対照的な歌い方 ④ドレミファソファミレドの音階の歌い方
2）指導上の留意点	器楽活動の導入としてドレミファソの階名唱を経験させたい。音色への興味・関心を促し、擬音語と楽器の音色を関連づける活動をしたい。また、強弱対照の表現や弱起の歌い方を経験させたい。
*『とけいのうた』(筒井敬介作詞／村上太朗作曲)	
1）中心に扱う音楽的要素	①擬音語の歌い方 ②明確に拍を刻む歌い方とレガートな歌い方 ③4分休符と8分音符の歌い方 ④シンコペーションの歌い方 ⑤強弱の歌い方
2）指導上の留意点	時の記念日にちなんで、時間や時刻や時計の音に興味を持たせ、針の動きを連想させ、身体表現や歌唱表現につなげたい。座ったままあるいは立った姿勢で、腕や手や指で短い針と長い針の動きを模倣し、擬音語の部分など音楽に合わせて動かす。明確に刻むような歌い方はどこか、どの部分がレガートな歌い方か、指導者の歌を聞いて答えたり、シンコペーションの部分を歌いながら手拍子したり、「こんにちは」と「さようなら」の言葉の意味を考えさせ、強弱を対象的に歌わせたい。

【引用・参考文献】

下田和男ほか編著『幼児の音楽と表現』建帛社、1997年

ドロシー・T.マクドナルドほか／神原雅之ほか訳『音楽的成長と発達―誕生から6歳まで』溪水社、2003年

S.ヘルムスほか／河口道朗監訳『音楽教育学要論』開成出版、2004年

黒川建一ほか編『保育内容　表現』保育講座10巻、ミネルヴァ書房、2003年

庄司洋江ほか「豊かな音楽表現活動を育む保育—36カ月児の歌唱行動の分析より」『飯田女子短期大学紀要』第26集、飯田女子短期大学、2009年

名須川知子ほか編著『保育内容「表現」論』（MINERVA保育実践学講座11）ミネルヴァ書房、2006年

森田百合子ほか『幼児の音楽教育　表現・音楽』教育芸術社、2006年

第7章
楽器を弾く表現活動の展開例

宮脇 長谷子

本章では、幼児にとって「楽器とは何か」「楽器を弾くことの意義」を考え、「楽器を弾く」ことが表現活動となりうるためには、保育者はどのように援助をすべきか、具体的な事例を挙げながら検討する。また、幼児に適した楽器とその奏法について検討し、アンサンブルの意義とその援助のあり方について述べていく。

第1節　楽器を弾く表現活動の意義

1　「楽器遊び」の意義

　幼児教育や保育は「環境を通して」行われ、「遊びを通じて」展開されるものであり、「楽器を弾く表現活動」の基本もそこにある。子どもにとって、楽器も最初はおもちゃの一つであろう。
　子どもは乳児の時から「ガラガラ」「トンカチ」「たいこ」といった音の出るおもちゃを喜ぶと言われ、実際におもちゃの多くは音が出るように作られている。おもちゃを通して音を出す楽しさを味わい、音を出して表現しようという意欲が育っていくのである。子どもにとって音と遊び、楽器と遊びは切り離して考えるべきではないのであり、「楽器遊び」を十分に経験させてこそ、「楽器を弾く表現活動」へと導いていけるのである。以下、楽器遊びの一事例を示す。

　〔事例1〕　年長児　4月末
　　『大きなたいこ』（小林純一作詞／中田喜直作曲）という教材を何回か取り上げた数日後、自由遊びの時間、保育室の棚からA男がタンバリンを持ち出して遊んでいる。そのうち「（大きな太鼓）どーん　どーん」と歌いながらをタンバリンの皮の部分を手のひらで打ち、「（小さな太鼓）トントントン」では、タンバリンの木枠を打ち始めた。それを見ていた

B子が、棚から鈴を持ち出してA男に「ねぇ、『ドーンドーン』やって！　B子『トントントン』やるから」と申し出る。A男はしばらく1人でタンバリンを打ち分けて楽しんでいたが、B子がそばから離れないので、その願いを受け入れて2人で遊び始めた。

　楽器を変えずに1つのタンバリンで、大きな音と小さな音を打ち分けることに気づいたA男も、アンサンブルを申し出たB子も、「音を出す」楽しさを体感していると言えよう。このように、おもちゃの発する音への興味からスタートして、いろいろな楽器の音色に興味を持ち、自分で音を出してみることによって、その喜びはさらに大きくなるのである。

2　「楽器を弾く」活動の意味

　楽器を「弾く」というと、我々は「ピアノを弾く」とか、「ヴァイオリンを弾く」といった姿をイメージしがちであるが、「弾く」とは、いうまでもなく楽器を演奏することである。「演奏する」というと、まだまだ大人の楽器を弾く姿を小さくしたイメージを持たれがちであるが、子どもにとっては、「楽器を使用すること」「楽器を使って遊ぶこと」でなければならない。従来から、音楽表現活動は、「歌う」「弾く」「動く」「聞く」「創る」と便宜上分けて考えられがちであるが、第4章でも述べたように、総合的にとらえることが大切である。子どもの音楽活動は、一つの活動が単独でなされるのではなく、歌いながら弾く、動きながら歌う、というように、常に他の活動との関連を保ちながら行われるべきものでありたい。

　また、「弾く」活動は子どもにとって、その他の活動よりも難しいと感じられるかもしれない。援助者に求められることは、子どもの技術の上手・下手を問うのではなく、子どもが「弾く」という活動に入るまでの過程を大切に、それを見つめることによって、子どもにとっての「弾く」ということの意味を理解していくことである。以下、「楽器遊び」から「弾

く」活動への展開例、援助のあり方を述べていく。

3　楽器を弾く表現活動への援助のあり方

(1) 他の表現活動からの導入

〔事例1〕で示した『大きなたいこ』という教材について、保育者は歌う活動に加え、以下のような手遊びとしても活用している。

歌詞に合わせ、「大きな太鼓」では両腕で身体の前方に大きな輪を作り、「小さな太鼓」では両手の人差し指と親指だけで小さな輪を作る。「ドーン　ドーン」のところは右手・左手ともこぶしで1回ずつ水平に打ち下ろす動作、「トントントン」の部分は人差し指で右手・左手交互につつく動作をする。

このように、楽器を手にする前に歌詞のイメージと結びついた手遊びをすることは有効である。いきなり楽器を持たせても、ただガチャガチャと騒音を発するだけであろう。「大きな楽器」「小さな楽器」「大きな音」「小さな音」「大きくたたく」「小さくたたく」といった違いへの気づきを大切にしたい。

また『おもちゃのちゃちゃちゃ』という教材も、しっかり歌えるようになってから、歌に手拍子を加えた身体表現を行うとよいだろう。動きの中で、「ちゃちゃちゃ」の手拍子がうまくできるようになったら、その部分をカスタネットに置き換える、「空にきらきらお星様」の歌詞の部分は、鈴を手に持って行うというように、無理なく楽器を弾く活動につなげていくことができる。**譜例1**のカスタネットパートのリズムは、歌詞の中から「ちゃ」という音だけ取り出したもので、子どものクイズ遊びから生まれたリズムである。「ちゃちゃちゃ」とか「きゅきゅきゅ」といった擬音語は、楽器表現に大いに活用したい。

〈譜例1〉

おもちゃのちゃちゃちゃ

野坂昭如　作詞
吉岡　治　補作
越部信義　作曲

第7章◆楽器を弾く表現活動の展開例

(2) 言葉と動作による導入

　4分音符を「タン」、8分音符を「タ」、4分休符を「ウン」とする呼称は広く一般的に用いられているが、子どもにとっては記号でしかなく、楽しいのものではなかろう。それよりも、「とんとんとんひげじいさん」といった手遊びから発展して、「トン」(たたく)とか「パー」(休み)といった呼称が子どもにはなじみやすい。

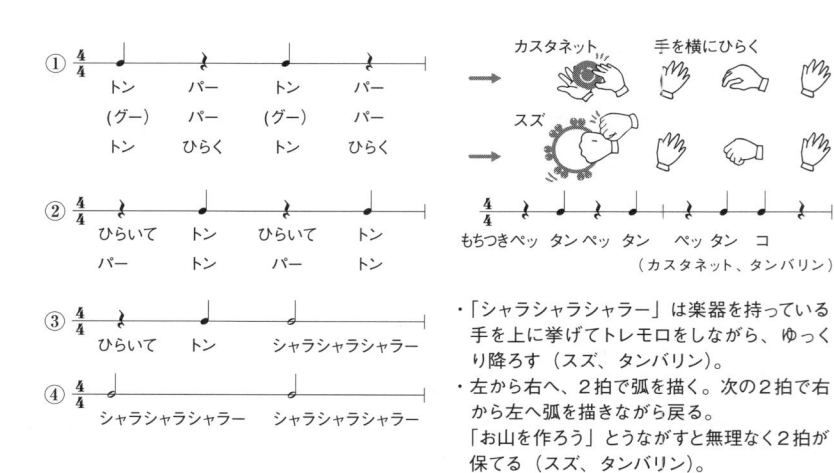

　例えば、「タン・ウン・タン・ウン」（♩ ♪ ♩ ♪）という基本的なリズム打ちも、「トン・パー・トン・パー」（カスタネット、タンバリン）とか、「グー・パー・グー・パー」（鈴）と言いながら動作としてお手本を示してあげると、すぐにできるようになる。「パー」はたたく方の手を休めて、「開く」という動作を表している。「トン」は、楽器の一面をたたく、鈴の場合は、グーの形で手首をたたく奏法をイメージしやすい言葉である。以下、言葉と動作によるリズム打ちへの導入例を示す。

①　4/4　トン　パー　トン　パー
　　　　（グー）パー（グー）パー
　　　　トン　ひらく　トン　ひらく

　→ カスタネット　手を横にひらく
　→ スズ

②　4/4　ひらいて　トン　ひらいて　トン
　　　　パー　トン　パー　トン

　4/4　もちつきペッ　タン　ペッ　タン　ペッ　タン　コ
　　　　（カスタネット、タンバリン）

③　4/4　ひらいて　トン　シャラシャラシャラー

④　4/4　シャラシャラシャラー　シャラシャラシャラー

・「シャラシャラシャラー」は楽器を持っている手を上に挙げてトレモロをしながら、ゆっくり降ろす（スズ、タンバリン）。
・左から右へ、2拍で弧を描く。次の2拍で右から左へ弧を描きながら戻る。
「お山を作ろう」とうながすと無理なく2拍が保てる（スズ、タンバリン）。

(3) 模倣遊びの活用

　模倣（まねっこ）は、子どものいろいろな活動に重要な部分を占めている。特に音楽においては、保育者の歌を聞いてまねる（エコーソング）、

保育者の動きを見てまねるなどは、記憶と再表現の重大な鍵となるものである。まねることができるというのは、子どもにとっては実に大変な能力であることを自覚して、「模倣打ち」を上手に取り入れたい。

　3歳や4歳の初めのころはリズムを記憶する能力が低く、保育者と同時に打つという模倣しかできない子どもの方が多い。そこで、手遊びで歌ったことのある『カレーライス』やエコーソングと言われる『大きなうた』（中島光一作詞・作曲）、『やまびこごっこ』（おうちやすゆき作詞／若月明人作曲）を歌いながら、「模倣遊び」をしていくとよいであろう。

　完全に聞いてから、模倣ができるようになっても、学習ではなく「遊び」の延長として感じられることが大切である。例えば、「輪になって模倣をリレーしていき、ストップがかかった次の子どもが新しいリズムを模倣して、再びリレーしていく（模倣の課題を出すのとストップをかけるのは保育者）」とか、「2グループに分かれ、保育者の出すリズムを正しく模倣できたら列の後ろにつく。間違えたらもう一度挑戦する。早く先頭の子どもに戻ったチームが勝ち」といったぐあいに、ゲーム感覚を残したい。後者のゲームでは音がよく聞こえるように、カスタネットに限定した方がよい（タンバリンや鈴は走ると音が出る）。模倣打ちの課題は1小節からスタートし、言葉を付けた2小節に進めていくとよい。

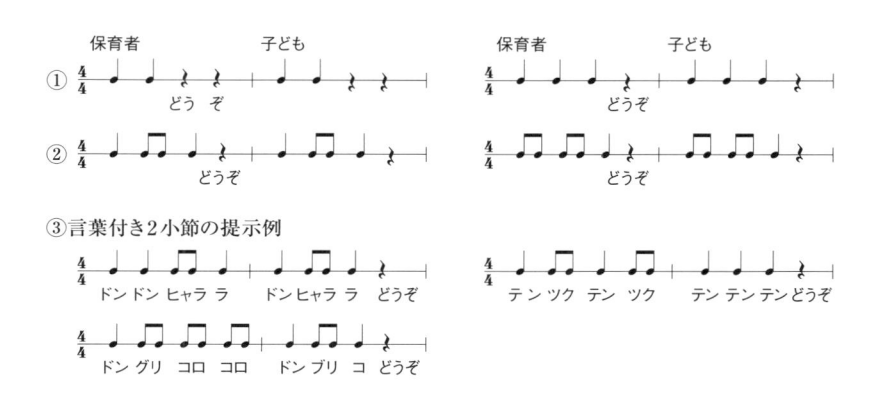

③言葉付き2小節の提示例

第2節　幼児に適した楽器と奏法

1　リズム楽器を中心に

　楽器には、おもちゃの楽器や効果音を出す楽器、手作り楽器などいろいろあるが、一般的に幼児が使いやすく、能力的にも無理のないリズム楽器に限定して、その特徴や奏法を述べていく。

(1) カスタネット

　いろいろな種類があるが、幼児用としてはハンドカスタネットと柄付きカスタネット（フラッパー・カスタネット）が多く用いられる。どちらも木質の2枚の丸い音盤から特有の明快な歯切れの良い音を出す。ここでは、保育現場で最も普及しているハンドカスタネットの使い方を述べる。

　一般的には、左手中指または人差し指にゴムをはめて、手のひらの真ん中に楽器を置き、右手をやや丸くして、指先で、手首の柔軟性を十分保って打つ。平打ち（右手の中3本指で打つ）、こぶし打ち（右手のこぶしで打つ）、握り打ち（楽器を持った手を握るように打つ）、つまみ打ち（楽器を持った手をつまむように打つ）など、さまざまな打ち方がある。握り打ちとつまみ打ちは「おにぎり」「キツネ」と言ってあげると理解されやすい。胸元で「握り打ち」2拍、手のひらを返して手を頭上に挙げ「つまみ打ち」2拍、といった動作をつけると興味をひきつけることができる。

(2) タンバリン

　一つの楽器から鼓質状（太鼓）と金属性（鈴）の両面から音が出せる多彩な特質を備えた楽器である。一般的には、左手親指を鼓面に乗せ、

ほかの指は枠の内側を握るように持つが、鼓面を上にして机の上に置き、マレットなどでたたいてもよい。木枠に穴が一つ開けられているが、そこに親指を突っ込まないこと。鼓面を打つ右手の形により、平手打ち、こぶし打ち、指先打ち等の打ち方があるが、ほかにも枠打ち（握りこぶしで枠を打つ、鈴の音のみ）、トレモロ奏、ロール奏（タンバリンを持った手を上に挙げて振る）などがある。皮の張っていないヘッドレス・タンバリン（モンキー・タンバリン）は、枠を持って振ったり、手のひらや身体に打ちつけたりする。

(3) 鈴

輪の周りに小さな鈴を数多く付けた楽器で、リングベル、柄付きベル（スレイベル）がある。ほかに鈴の付いたバンドもあり、手首や足首に巻いて踊るときに用いられる。いずれも、振ると明るくかれんな音がするので、子どもたちに人気が高い楽器である。リングベルの一般的な奏法は、打奏（楽器を持った左手手首を右手こぶしでたたく）と振奏（楽器を持った手を振る）、トレモロ奏、ロール奏（楽器を持った手の手首を回す）である。

(4) トライアングル

鉄の棒を正三角形に曲げた楽器で、ひもでつるして小さな鉄の棒で打って音を出す。大きさは一辺が10cmくらいから30cmくらいまで数多くあるので、幼児に適した軽くて小さいものを選びたい。以前は、ひもを左手の甲にかけてから、親指と人差し指とでつまんで持つのが一般的であったが、最近はバチ付きのトライアングルが市販されており、バチを中指に固定して楽器をつるすことができるようになり、より使いやすくなっている。三角形の底辺や斜面を打ったり、トレモロ奏（三角形の2辺を細かく往復して打つ）のほかに、楽器をつるしている手を握って楽器の上部の振動を抑えることで音色を変える奏法もある。ひもの長さ

を短めにして、つるしている手を「パー（開いて）、グー（握って）」（大人の場合は「オープンとクローズ」という）するとよいので、無理なくできる動作である。

(5) 大太鼓・小太鼓

　大太鼓、小太鼓は、よく知られた楽器であるが、特に大太鼓は音が大きいので、アンサンブルでも1台あれば十分な楽器である。また、普通のスタンドにセットして打つ場合、腕の動きが身体に対して左右になるという不自然さがあり（上下の方が自然）、いすなどを利用して、太鼓の皮の部分が水平か斜めになるように置き換えたりすると無理がない。

　音楽的な面でも、垂直にセットした場合は音が響きすぎて他のパートの音をかき消したりするので、響きを押さえる意味でも置き換えた方が望ましい。小太鼓の場合は、裏面にあるスネアの設定・解除を忘れないように注意する（付けたままにしていると、共振が起こる）。大太鼓、小太鼓ともに、使わないときはねじを回して皮の張りを緩め、使うときに締めるのが原則である。皮を張りっぱなしで保管していた場合、室内の乾燥によってひび割れができたりするからである。ねじを締めるとき、緩めるときには、対角線上のネジを順番に扱う。

(6) その他子どもが好きなリズム楽器

　① ハンド・ウッドブロック

　少しおどけた軽妙な音がする楽器で擬音効果があり、演奏方法もやさしいので幼児に好まれている。「時計の音」「馬の足音」「雨だれ」「かっこう」などをイメージできる。左右の音高差があるものとないものがある。

　② マラカス

　ラテン楽器の一種だが、シャカシャカという軽やかな音に人気があり、子どもが持ちやすい小さなものや卵形のミニマラカスなどさまざまな市販品もあり、幼児の楽器作りの筆頭に挙げられるものである。

③ シンバル

　大きな金属の板を両手に持って打ち合わせるシンバルは、幼児にとって負担感があるが、スタンド付きのシンバルは扱いも楽で、打つ場所やばちの工夫によって豊かな表現が可能である。

④ ヴィヴラ・スラップ

　「ビョヨ〜ン」という振動音が出る打楽器。どの楽器も鳴っていない休符のところで一音入れると効果的である。

2　メロディー楽器について

　メロディーが演奏できる楽器は、リズム楽器に比べて難易度が高く、ある程度の練習をしなければならないであろう。「年長児の幼児ならば、オクターブ内の音階奏や固定したポジションの右手5指奏は十分可能」という研究者もいるが、「すべての子どもにとって」という視点に立って考えてみたときに、筆者はメロディー楽器も「音程のあるリズム楽器」としてとらえたい。

(1) 木琴

　最も簡単な奏法は、すべての木板上をばちでなぞるグリッサンドである。グリッサンドからイメージしていろいろな楽器遊びの中に擬音として使ってみるのもよい。木質の音から、「時計と音」とか「馬の足音」のイメージで「ド」と「ソ」の2音だけ打つとか、同じ音を細かく打つといった使い方が適している。ばち（マレット）の中ほどを親指と人差し指で持ち、左手を向こうに、右手を手前に2本で演奏するものであるが、音程の出るリズム楽器として伴奏の一部を担う場合は1本でも許容したい。たたく音の板の端に、目印のシールを張っておくとよい。

(2) 鉄琴（グロッケンシュピール）

　木琴の木材の代わりに調律した金属板を並べた鉄琴は、よく響く金属

音がする。奏法は木琴と同じだが、木琴と反対に音がよく響くので、細かい音の連打よりも、長めの音符の演奏に適している。グリッサンド奏やオスティナート（同型反復）が適している。また、木琴、鉄琴ともに、必要な音板だけを残し、使わない音板を外せるもの（オルフ楽器）も、広く市販されるようになった。

(3) 鍵盤ハーモニカ（ピアニカ、メロディオン、ピアニー）

　オルガンやピアノ同様の鍵盤付きリード楽器である。メロディーを演奏することを一番期待される楽器であるが、指を動かすうえに、ハーモニカ同様、「吹く」という動作が加わるので、やさしい楽器とはいえない。マウスピースを付けて吹くか（その場合は左手で楽器を持って右手で鍵盤を弾く）、パイプを付けて吹くしくみになっているが、鍵盤が水平に見えるように、卓上に置いてパイプで吹く方が平易である。メロディーの全部を弾くのではなく、部分的に担当する「部分奏」をするとよい。例えば、『山の音楽家』（ドイツ曲）では、「ド・レ・ミ」の3音だけでメロディー全体の70％を担当することができる。保育者がピアノできちんと弾けば、子どもは自分もメロディー全部を演奏しているような気分になって、満足感が得られるのである。

第3節　アンサンブルへの援助の基本

1　アンサンブル活動の意義

　子どもの遊びが一人遊びから集団遊びへと変化していくように、幼児になると友達と一緒に音を出して楽しんだり、お互いの音を聞いて楽しめるようになってくる。その過程を通して、幼児なりにうまく表現できたときの達成感・充実感は集団の場でしか味わえないものであり、人格

形成の面からも重要な側面を持つと考える。

　例えば、1台しかない大太鼓を受け持つ子どもを、どうやって決定したらよいのだろうか。子ども同士が話し合ったり、「じゃんけん」という方法で納得してくれたらよいのであるが、「やってみたい」という子どもの気持ち、こだわりも大切にしたい。子ども自身も、どこかで折り合いをつけて楽器を選択していく過程で成長していくであろう。

　また、アンサンブルは、出番が少なければ少ないほど、自分のパートに入ることが難しくなる。たった1音でも落とさないようにと神経を集中させる。まさに「聞く」という活動を行っているのであり、と同時に自分の存在を意識することができるはずである。援助者は、出番が少ない子どもにこそ丁寧に接するべきである。

2　アンサンブル活動への援助のあり方

　「幼児のための合奏曲集」といった楽譜が出版されていないわけではないが、すでに述べてきたように、幼児の生活の中で歌ったり、手遊び等で楽しんできた曲、演奏する子ども自身が好きな曲を選曲した方がよいことを考えると、保育者自身に編曲をする力が欲しい。以下、編曲の留意点を述べる。

(1) 編曲に当たっての留意点

　①楽器遊びの中に何か目標を持っていること。

　「拍子感、リズム感を　養うため」「楽器、音色に興味を持たせるため」「集中力を持たせる　ため」「楽しさを味わってもらうため」など、ねらいが必要である。例えば、先に述べた『おもちゃのちゃちゃちゃ』では、「ちゃ」のみのリズム奏ができたら、後は、そのリズムを引き立てる編曲をする。「ちゃちゃちゃ」が終わった後の休符のところで、ヴィヴラ・スラップの「ビョヨヨ〜ン」を1音入れるととても効果的である。

　②歌詞のイメージに合った楽器を選ぶ。

例えば『ジングルベル』という曲は歌詞に「すずがなる」と出てくるフレーズに合わせて、鈴の連打を用いると効果的である。また『とけいのうた』では、「コチコチカッチン」という時計の音を表す歌詞が出てくるが、ウッドブロックの音がよく合っている。また『おもちゃのちゃちゃちゃ』の「空にきらきらおほしさま、みんなすやすや眠るころ」の部分は鈴のトレモロ奏が適している（**譜例1**参照）。

　③同じ音質の楽器を同時に用いない。

　例えば、鉄琴とトライアングル、木琴とカスタネットなどは、お互いにその個性を消してしまい、聞こえなくなる。

　④いろいろな楽器を欲張って同時に用いないこと。

　歌詞のフレーズに合わせて楽器を交代する。曲の初めから終わりまで出番があるよりも、途中から入る、途中で抜ける、という経験が集中力を育てる。いっぺんにたくさんの音が鳴ると、最初はよくても、だんだん子どもは聞かなくなるものである。

　⑤出番を平等にする。

　部分奏を重視するが、なるべく出番（演奏するパート）を平等にしたうえで、最後のフレーズは全員が参加できるように工夫する。

　⑥休符を活用する。

　歌の旋律がないところに楽器を活躍させる。

　⑦メロディー楽器の編曲は、できるだけ簡単にする。

　「ミファソミ」ならば最初の「ミ」を一音押さえればよい。また、コードについても「C—G_7」の変化ならば、共通音の「ソ」を押さえればよいと考える（**譜例2**参照）。

(2) 援助に当たっての留意点

　楽器遊びからアンサンブルへと導く際に保育者が悩むのは、まず、一斉に楽器をいじりだして、ガチャガチャとうるさくなってしまうことであろう。楽器を大事に扱うことを最初に約束しておかないと、さらに騒々

〈譜例2〉

しくなる。日ごろから、輪になって、タンバリン1個を音を立てないようにそっと回していくゲームをしたり、静かな環境で音を聞くという態度を育てていきたいものである。また、アンサンブルのために、「はい、あなたはこの楽器」といった手渡し方をしないで、日ごろからすべての楽器を順番に経験させて、アンサンブルができる段階になったら、「好きな楽器を選んで持ってきて」と自分で取りに行くように促すとよい。そのときに、「タンバリンの音なし手渡しゲーム」の経験を生かして、「誰が一番音を立てずに持ってこられるかなぁ」などと投げかけると、きっと静かに次の声掛けができるであろう。

【参考文献】
 音楽教育研究協会編『幼児の音楽教育』音楽教育研究協会、2009年
 下田和男ほか編著『幼児の音楽と表現』建帛社、1999年
 鈴木みゆきほか『乳幼児の音楽』樹村房、2007年
 音楽之友社編『たのしい歌あそび』音楽之友社、1991年

第 8 章
聞く活動の展開例

三森 桂子

音や音楽を聞くことはすべての音楽的活動の基本となる。音を聞いて楽しむ、悲しむ、音楽に合わせて踊る、あるいは音楽によって心をいやすなど、音・音楽によって私たちはいろいろな喜怒哀楽の経験を積み重ねていく。乳幼児の心身のよりよい発達を促すための聞く活動のあり方について、環境や成長発達とのかかわりの中で考えてみよう。

第1節　人と音との出会い

　私たちは皆、誕生と同時に発する元気な産声を発し、その瞬間からそれぞれの環境に囲まれ、さまざまな刺激の中で多くの経験を重ねながら成長していく。私たちが暮らす生活環境には、いろいろな音や音楽が満ちあふれている。生活を営む中での人々の話し声、車や人々の動きに伴う身の回りの物音、そして虫や動物の鳴き声、雨や風などの自然の営みから生まれた音などの、無数の聴覚的な刺激に囲まれながら生活している。新生児は音に対して敏感に反応を示し、多くの影響を受けながら成長していく。身近な家族や家庭の中で常に耳にする音には穏やかな表情を見せ、耳慣れない音や突然の物音に対しては不安な様子で反応するという光景はよく見かける。また、リズムや音の大小・強弱、音色にしだいに触れていくうちに快いメロディーを好むようになり、徐々に音楽的な感覚を身につけ感性を伸ばしていくとともに、表現力も豊かになっていく。

　子どもたちはどのような環境の中で音に囲まれて育ち、どんな音楽的な経験を重ねたかによって、音楽的感性の育ちもさまざまに異なってくる。音をめぐる環境は幼児の音楽的能力の形成に影響を与える。この音楽的能力の中で感受性に結びつく音楽を聞く力は、誕生と同時に私たちに備わっているものである。表現豊かな子どもたちには、それを支える感受性の育ちが保障されている。つまり、豊かな音環境に恵まれ、いろ

いろな音とのかかわりを持ちながらさらに感受性を培い、一人ひとりの表現に結びつく感動経験を大切にした活動がそこに展開している。したがって幼児期には、より良い音と出会う機会を多く設けるとともに、音に主体的にかかわり、音楽を楽しむ環境を整えてあげることが大切である。

第2節　音を聞く活動の意義

　一般に、音楽は聞くことに始まり、聞くことに終わると考えられている。音楽を聞くことがすべての音楽的活動の基礎となっているという意味である。子どもを取り巻く家庭や幼児教育の現場では、大人の考える音楽的な価値観によって、名曲といわれる音楽を子どもたちに聞かせようと考えがちになる。しかし子どもたちにとっては、そうした音楽は、心から楽しく感じて聞いたり、活動に結びつけるのは難しいことが多い。幼児の音楽性を伸ばすためには、興味・関心を示す発達過程に沿った音楽を選ぶことが大切である。一方的に良い音楽とされる曲を聞かせるのではなく、子どもたちの実態に合ったものを選び、それによって音楽性を引き出すことが、聞く活動の意義である。最近の研究では、出産前に母親の母体内にいるときから音を聞いていると言われている。そして乳幼児期にどのような聞く活動を展開したかによって、その後の音楽的感性や音楽的能力の育ちに違いが見られる。そこで、どんな音楽を具体的に聞かせることが望ましいのかを考えてみよう。

　一般に幼児が音楽に対して表す特性や能力は、おおよそ次のような内容である。

- 音楽の三要素と言われるメロディー、リズム、ハーモニーの中で、特に早くから反応を示すものはリズムである。
- 軽快で生き生きとしたリズミカルな音楽には、身体反応を示しなが

ら楽しんで聞く。
- 音楽の旋律の流れなどがわかりやすく、喜怒哀楽などの感情体験ができ、興味を持って聞き入ることができる変化に富んだ音楽を好む。
- 特徴のある音楽の旋律や、音色によってさまざまな情景や物語の展開などが想像でき、実際にイメージした世界で自分なりの感情を味わったり演じたりできる音楽に関心を示す。
- 耳慣れた音楽、好きな番組や映画で歌われている曲、身近な人たちの多くが楽しんでいる音楽に対して興味・関心を持って聞く。
- 気に入ったメロディー、リズム、繰り返し演奏される歌詞やメロディーなど、子どもの心をひきつけるパターンが豊富に含まれる音楽を好む。
- 集中して同じ活動を長く持続することがないので、興味を持ってじっと静かに音楽を聞くことができない。

このような傾向が幼児の特徴であるので、保育者は十分にこの特性を念頭に置いて活動の内容を考えておく必要がある。最大限に音楽性を引き出すという聞く活動の意義を果たすために、実際の聞く活動では、子どもたちの実態や興味の中心を考えて取り上げる曲を準備することが求められる。そのような細やかな心得を持って具体的に対応することが保育者の役割である。

第3節 聞く活動の実際の展開例

それでは、どのようなことに留意して聞く活動を展開していったらよいかについて考えてみよう。乳幼児にとって、活動自体が楽しく展開するように工夫することが大切となり、生活の中で自然に音や音楽に親しむことが快い経験となる。そのような楽しい経験を積み重ねていくことによって感動体験へと導き、豊かな音楽的感性を伸ばすことができるの

である。したがって、豊かな表現活動の基礎である「聞く活動」を日々の生活の中に十分に取り入れ、音楽を聞きながら子ども自らが興味を持って歌う、動く、音を楽しく演奏するなどの表現活動と結びつけていくよう援助していくことが大切である。その意味で、子どもを取り巻く音楽環境を保育者や大人たちは常に整えていくよう心がける必要がある。

それでは、聞く活動の実際の留意点と楽しみ方について、具体的に考えてみよう。

1　身体表現をしながら全身で音楽を聞く

音楽を聞く最大の目的は、音による快感を全身で味わうことにある。美しくすてきなメロディー、快いリズム、しみじみと響くハーモニーによって心に感動を与え、感情を揺り動かして、一人ひとりが気に入った音楽で感動体験を覚えることができる。それによって楽しい、快いなどという感覚面を養い、その感動を全身で味わい表現することが、さらに興味・関心を引き出すことになる。

- 静かにじっと聞き入るというよりも、聞こえてきた音楽に乗って自由に身体を動かす。
- リズムに合わせてリズミカルに踊る。
- 音に身体反応するように身体全体で音楽を受け止め楽しむ。
- 耳になじんだメロディーに合わせて主な節を覚え、気持ちよく口ずさみながら聞く。
- 手拍子や足踏みをしたり、歩いたりして、自由に音楽やリズムに合わせて身体の一部を動かし、その音楽に親しむ。

2　心行くまで繰り返して聞く

子どもたちは、自分が気に入った音楽は繰り返し何度でも飽きずに聞きたがる。そんなときには自由に心行くまで聞かせてあげることが大切である。繰り返して聞くことによって、それぞれ気に入ったフレーズや

リズムに合わせて、心地よい気分を満足させながら感じ取っている。そんなときにはイメージを膨らませたり、感動や特別な感情を味わっていることが多い。好きな音楽によって受ける感動体験を遮らずに、自由に思う存分味わわせてあげることが大切である。そして、さらにイメージが広がるように想像させることによって、ますます音楽が興味深いものへとなっていく。

- ・子どもらしいリズミカルで活発な曲など、気に入った音楽を繰り返し聞き、子どもの興味・関心を満足させてあげる。
- ・音楽を聞く活動に興味を示したり集中するときには、じゃまにならないように気をつけてその状況を大切にしてあげ、音への反応や感覚を十分に伸ばしてあげるようにする。
- ・周囲の人も子どもが自由に音楽に聞き入っているときは、その雰囲気を壊さないように心がけ、いっしょにその環境で味わいながら楽しんであげるよう努める。
- ・子どもが音楽に耳を傾けているときには、保育者や周囲の大人も共感してその気持ちや考えを理解したり、その音楽が醸し出す空間が途切れずさらに膨らむようなかかわり方を慎重にして、子どもが深く聞くことができるように心がける。

3　他の活動と関連させて聞く

　幼児は一つの活動に長い時間集中し続けることが難しい。音楽をじっと静かに聞き続けることに飽きてしまったり、興味が他の活動に向いてしまいがちである。そこで変化のある展開を考えて興味が持続するような工夫をしてあげるとよい。そうしたうえで音楽を聞くと、よりいっそう深く味わい、感動できるようになる。

- ・音楽に合わせて絵・ビデオなどの動画、人形劇などを見たり、絵本などのお話を聞き音楽の展開に沿った場面の変化を楽しく見ることで、興味・関心を持ち続け集中して聞く態度を身につけていく。

・日ごろ聞き覚えて自分の気に入った音楽の主旋律を自然に口ずさんだり、好きなメロディーに合わせて自然と覚えた歌詞で歌い出したり、また、節にハミングを合わせてみると、心も浮き浮きとしてくる。このような喜びを感じることによって、しだいに長く音楽を聞く活動に集中できるようになってくる。
・声だけでなく、いろいろな音色を奏でる音の出る道具やおもちゃなどで、音楽に合わせてリズミカルに演奏しながら楽しく聞く。また、聞いた旋律やリズムから想像したイメージ、感動した気持ちを音にして表すことによって表現へのあこがれが生まれて、意欲的に聞く態度が身についてくる。

4　身近な楽器で興味を持って聞く

　子どもは、日ごろ聞き覚えて気に入ったメロディーを歌や楽器演奏にアレンジして演奏し、楽しみや喜びを味わったりする。長い時間一つの活動に集中し続けることが苦手な子どもにとって、自分が好きなメロディーを歌詞やハミングで歌いながら、身近な楽器などを演奏して聞く活動は楽しく展開でき、変化を実感しながら飽きずに興味を持って聞き続けることができる。こうした活動によって、音楽を聞くことにさらに興味・関心を持つとともに、音楽そのものへの理解も深めることができる。

・新しく覚えた言葉を音楽に合わせてリズミカルに歌うと同時に、音楽のリズムに乗せて声以外の音を発見して音を鳴らす快感を知り、さらに聞く活動を積極的に楽しもうとする意欲が芽生えてくる。
・音楽に合わせて自分自身が音で参加し、楽しむ心を満足させることによって、さらに音や音楽に聞き入ろうとする気持ちが生まれる。
・音楽を聞くときには、やはり生演奏の鑑賞が何より感動を深くする。幼稚園や保育所にあるピアノやオルガン、またいろいろな楽器を実際に演奏して、子どもたちに目の前で聞かせることが理想的である。身近に演奏している人の息づかいや、実際の楽器の演奏方法を見た

り感じたりすることは、どんな説明よりも、説得力があり理解が深まる。演奏内容の上手下手よりも、保育者や親などの周囲の身近な人が演奏している姿を通して、音楽により関心を持って楽しめるようになる。

5　自由なイメージで想像しながら聞く

　子どもが音楽に反応してさまざまな活動を展開しているときは、自分自身の心にいろいろな想像をしてイメージを膨らませていることが多い。そのようなときには、自由にイメージの世界を膨らませることができるよう働きかけ、共感をしてあげることが大切である。

・描写音楽は物語の内容や展開が具体的であるので、情景描写や場面の展開を想像しやすい。想像しながら音楽を聞くことで、情景や場面と音楽の雰囲気を結びつけてとらえることができるようになる。空想によっていろいろな感情体験を味わうことは、子どもにとって心の豊かさに結びつくので大切に育てたい。

・子どもの自由な想像をうながし、イメージを豊かにするためには、音楽を聞く前に必要以上に説明や解説をしないことである。子ども自らが感じたままを受け止め、味わい、想像することが望ましい。周囲の人の主観や固定観念にとらわれずに、自由な心で想像の世界を膨らませ、そのイメージを共有することによってさらに豊かな想像性へと結びつく。

・イメージをより豊かに膨らませる工夫として、絵や写真、絵本や紙芝居、ビデオなどの映像、具体的な手作り教材、音楽の内容に沿った人形劇などが考えられる。これらの視覚的教材によってイメージをますます膨らませて、音楽を聞いた後で一人ひとりが感じたことを話し合い、お互いにイメージを共有し味わいながら、よりいっそうイメージの世界を広げていくように援助する。

6　大人たちと一緒に楽しむ

　子どもたちに音楽のすばらしさ、おもしろさ、楽しさ、美しさなどを伝えるためには、やはり保育者や親、周囲にいる大人たち自らが音楽そのものを自らが聞き、味わい、楽しむことが必要である。そして、子どもたちと共に心を合わせて楽しんでいる姿や態度を見せてあげることが大切である。そんな姿を見て、子どもたちも音楽を聞いて楽しむことを知り、実際に大人たちのまねをしながら音楽を味わい、いろいろな楽しみ方を覚える。また、人との人間関係を広げながら、心身ともに安定した状態で美しい音楽を受け止め、共に味わい、自分なりの表現活動へと展開していくことができるようになる。

- 幼児は、自分が好きな曲や気に入った音楽をたった一人自分だけの世界で楽しむよりは、みんなで一緒に聞き、お互いの感動体験をやりとりしながら、仲間たちと共に楽しむ方が好きである。そして、自分の感動や思いなどの心の中のイメージを誰かに伝えていくことで、その仲間たちと親しみを深めて、一緒に音楽を楽しみながら、たくさんの音楽を自分の愛好曲としていく。
- 身近にいる人々が子どもたちの音楽活動を温かく見守り、一緒に楽しみ、また、いろいろな興味・関心をひく音楽や教材を準備することによって、安心して好きな音楽を聞いたり、想像したり、楽しく音楽に合わせて動いたり、音を楽しむことができる。自由に音楽を楽しむためには、そのような安心できる大人たちの存在が必要なのである。そして、音楽とともに生き生きと活動している魅力的な大人がいつもかかわっていくことによって、子どもたちは大人を模倣しながら育ち、共に成長していくのである。

7　いつでも良い音の環境を用意する

　幼児の音楽的な感覚を育てていくためには、いつも良い音楽的環境を

整えておくことが大切である。幼児期には、リズム、音色、メロディーに対してたいへん興味を持ち関心を抱く。だからこそ子どもを取り巻く音楽的な環境については細やかな対応が求められる。家庭や保育環境などの音響機器は、常に良い状態のものを準備してほしい。そして、子どもたちが好きな時に好きなだけ聞けるよう、落ち着いて安全なスペースを確保したい。子どもたちだけであっても、十分に楽しめる操作の簡単な機器と、楽しく活動できるスペースが欲しい。豊かな良い音の中で、興味が尽きるまで自由に活動できる空間があれば、さらに関心を持って次の活動が展開され、音楽による豊かな感動体験が繰り広げられる。

第4節　子どものための音楽の選び方

聞く活動を展開するために使う音楽にはさまざまなものが考えられる。その音楽を選ぶ際のポイントについて考えてみよう。

1　子どもの実態に即しているもの

子どもにとって興味・関心を持って楽しむことができる音楽とは、どんな音楽をいうのだろうか。これは、一人ひとりの子どもの実態に即しているものである。子どもの日ごろの生活経験の中で、具体的に想像しイメージできる内容の音楽である。つまり、その音楽に取り上げられている題材が実際の生活環境に合っていれば、自由な想像で豊かなイメージを広げていくことができる。そして、子ども同士でそのイメージについて、言葉で話したり音や動きなどで表現して、お互いに理解を深めていくことができる。

また、子どもの興味・関心に合ったリズムの特徴を備えたもの、旋律の流れがわかりやすいものなどが好まれる。例えば、マーチやワルツのようにリズミカルで身体の動きに合っている軽快な曲、子どもたちの好

きな映画やテレビなどのテーマ音楽や、歌詞のある流行の曲などは人気がある。そのような曲に対しては、多くの子どもが長い時間関心を示して口ずさんだり身体表現したりするので、音遊びへと展開しやすくなる。

　子どもたちのその時の流行や関心のある話題などを手がかりにして、できるだけ子どもたちの心の実態に合った音楽を選ぶことが大切である。心身の発達や好んで聞く音楽には、一人ひとり個人差がある。この個人への適切な配慮も、大切な対応である。

2　総合的な扱いができるもの

　幼児期は、発達過程から考えて、まださまざまな活動が未分化であるという特徴を持っている。そのため、実際の音楽的活動においても、音楽だけの活動内容を考えて展開することは、発達段階に即して考えると適切な内容であるとは言えない。子どもの遊びを考えるとわかるように、音楽を聞きながら歌う、音を鳴らす、身体を動かす、言葉を話したり絵をかいたりするなど、いろいろな活動が同時に展開している。

　そこで、音楽を選ぶ際には、さまざまな活動に結びつけて展開できる曲であるかどうかに注目して選曲することが望ましい。いろいろな遊びの中で、その子どもの生活環境にあふれている多くの音に意識を向けて、音の好み（快・不快）や、音の性質（高さ・リズム・強弱・音色）を聞き分けて感じ取る力を育てることも大切である。遊び感覚で楽しみながら、自然に無理なく音楽的な能力を育て、歌ったり楽器を演奏することに親しみを感じられるような、総合的な活動の展開を心がけたい。

3　活用する目的に沿ったもの

　一般に保育活動は、子どもたちを安全に守り、どのような姿に育てていこうとするのかという目標の下に展開されている。各領域の目標や内容に沿った具体的な活動内容が、保育者の援助によって実施される。音楽的活動についても、具体的に音楽を用いた保育活動として、その目標

の達成に貢献するために適した選曲をすることが大事である。例えばある活動を展開する際に、音楽をバック・グラウンド・ミュージック（BGM）として聞くという目的にふさわしい曲として、あるイメージを具体的に思い浮かべやすい音楽、明るく生き生きと活動できる音楽、静かに穏やかな気持ちになり落ち着いた雰囲気を醸し出したい、などの目標が考えられる。また、意識的に音楽を聞く場合として、音楽的な技能や知識を身につけるために聞く音楽、芸術的な意味における美的体験として味わって聞く音楽、などの展開が考えられる。

　このように活動内容に合った、目的達成のために効果的な音楽を選ぶことが、保育者や大人たちの大切な役割である。

4　音楽的に魅力あるもの

　いろいろな曲の選び方について考えてきたが、何よりも大切なことは音楽的に魅力のある優れたものであるかどうかということである。その曲が心に響く、音楽的に魅力あるものであれば、長く心に残り、深い感動を与えてくれる。また多くの人の心を揺り動かすような印象的な音楽は、いつの時代にも共通して好まれる愛好曲として伝えられていく。このように、魅力ある音楽は心に訴える力を備えていることが多い。選曲について考える際には、一般的な評価として価値のある音楽といわれる曲を、ぜひとも選択の対象としていきたい。

5　偏りのないジャンルから選ばれたもの

　音楽は、多くのジャンルに分類することができる。私たち大人はそれぞれ好むジャンルを持っているが、子どもたちに音楽を楽しませるために聞く場合は、特定のジャンル、様式、編成に偏ることがないようにしたい。ともすると、その子どもの周囲にいる大人の個人的な好みや流行に染まりがちになるが、そうではなく、広くさまざまな音楽を聞かせてあげたい。その子どもが将来どのようなジャンルの音楽やイメージの曲

を好むようになるかは、乳幼児期にどのような音楽に触れ、感動体験を積み重ねてきたかによる。したがって、大人の価値観や個人的な興味・関心を超えて、自由な音楽体験の中でその子ども自身が自然に好む音楽を選択できるように心がけることが最も大切である。美しいメロディー、快いリズム、心に響くハーモニーは感動を与えてくれる。また、クラシックや子ども向けの童謡などにこだわらず、現代音楽、ジャズ、フォーク、ロック、歌謡曲などの種類の音楽、さらにミュージカルやアニメ音楽など、見て楽しめる音楽も楽しみたい。そのほか、世界各国に伝えられている民族音楽にも注目して、音楽による国際理解を目指した体験も大切に育てていきたい。わが国にも伝統的に伝えられている大切な日本音楽がある。この音楽も、ぜひとも大人も子どもも進んで鑑賞し、その良さを長く伝えられるようにしてほしい。

　そのために、私たち大人が多くのジャンルから選択して音楽を提供できるように、日ごろからさまざまな音楽を聞くことが求められる。自分の好む特定の音楽だけでなく、むしろそれ以外の種類の音楽にも積極的に触れ、楽しみ、魅力を発見して、その感動を子どもたちに伝えられるように心がけることが大事である。魅力ある音楽の良さを広く伝えていくために、まずたくさんの音楽に関心を持ち、心を柔軟にしてさまざまな音楽の良さを感じ取り、理解し、楽しめるように努めたい。

第5節　聞く活動の展開における留意点

　幼児が日々の生活の中でいろいろな音楽を聞き、豊かで自由な想像力を働かせてイメージを膨らませ、一人ひとりが心から楽しいと感じられるような聞く活動を展開するために、その留意点について考えてみよう。

1　事前の説明はできるだけ少なくする

　音楽を聞く前に、その曲に関する解説や保育者の主観による説明をすることはできるだけ避けたい。それは、子ども一人ひとりが音や音楽に集中して、感じたままをイメージとして膨らませて想像することを妨げるからである。まず自由な心で想像しながら聞き、自分のイメージを大きく膨らませていけるように心がける必要がある。

2　聞く活動の態度に制限を加えない

　子どもたちは、じっと静かに座って音楽を聞くことは難しい。好きな音楽に合わせて自由に歌ったり、音を一緒に鳴らしたり、リズミカルに身体を動かしながら聞くなど、自由な雰囲気の中で思い思いに反応し、楽しみながら活動できるように配慮したい。

3　いつでも聞く活動を楽しめる環境を整える

　好きな時に誰でも自由に音楽を聞けるように、常に子どもたちの身近にCDデッキやテープレコーダーなど、オーディオ機器を準備してあげることが大切である。幼児でも無理なく扱える、操作の簡単な音楽再生機器が普及しているので、いつでも楽しめるように用意して、環境を整えておくことが、聞く活動の展開を豊かにする。

4　安全で広いスペースを確保する

　音楽に合わせて身体を動かして踊ったり、音や楽器を鳴らすなどの活動が自由に展開できる、広くて安全なスペースを準備しておくことが大切である。思い思いに動き回れる広い空間を常に準備して、聞く活動が十分に展開できるよう心がけていきたい。

5　保育者自身の楽しむ姿を見せる

　子どもたちと一緒に音楽を聞く活動を展開するときに、保育者はどのようなことに心がけてその役割を果たしたらよいのだろうか。

　幼児の音楽的な能力の育ちには、環境が大事な役割を担っている。また、保育を展開する際には、保育者が子どもを取り巻く人的環境として大切な役割を担っているのである。

　そこで音楽を聞くときには、子どもたちに、保育者や身近にいる大人も、共に心から音楽を味わい楽しんでいる姿を見せてあげることが大切である。そして日ごろからいつもいろいろな音楽を聞く習慣を身につけて、大人も多くのジャンルの音楽を偏ることなく聞き、メロディーを口ずさむ、リズムに合わせて身体をリズミカルに動かす、身体表現をして音楽を全身で受け止め表現するなど、自分自身が音楽を積極的に鑑賞する心を持ち続ける習慣が大切なのである。そんな魅力あふれる姿をいつも身近で見ることによって、子どもたちも音楽を楽しむ習慣を自然と身につけていくことができるようになる。

　その意味で「大人は子どもたちのすてきなモデルである」という意識を常に持ち続けていくよう心がけたい。

【参考文献】

　幼児と音楽教育研究会編『幼児と音楽教育』大空社、1991年
　能原善雄ほか編著『幼児と音・音楽』ディスクコンプ、2001年
　花原幹夫編著『保育内容表現』北大路書房、2005年
　鈴木みゆきほか編著『乳幼児の音楽』樹林房、2007年

第 9 章

身体を動かす表現活動の展開例

今村 方子

幼稚園教育要領の領域「表現」における身体を動かす表現活動の目標、ねらいおよびその内容について理解し、このような内容はどのような事例によって展開されるのか、また、その活動のための環境づくりや援助のあり方など、具体的な事例を紹介しながら解説する。

第1節　身体を動かす表現活動とは

　身体を動かす活動については、幼稚園教育要領の領域「表現」にある以下の項目がかかわりを持つと見ることができる。

　幼稚園教育要領は、領域「表現」の目標として、「感性や表現する力を養い、創造性を豊かにする」ことを挙げている。また、身体表現活動にかかわる内容として、「(1) 生活の中で様々な音、色、形、手触り、動きなどに気付いたり、感じたりするなどして楽しむ」の項目がある。これは、生活の中にあるさまざまのものや人とのかかわりの中で、自分の身体の動きに気づいたり、ものや人の動きに気づいたりする、すなわち身体を動かす活動の中で「豊かな感性」をはぐくむ内容である。

　また、「(2) 生活の中で、美しいものや心を動かす出来事に触れ、イメージを豊かにする。(3) 様々な出来事の中で、感動したことを伝え合う楽しさを味わう」の2項目は、生活の中で身体を動かす活動を「自分なりに表現して楽し」み、さまざまな動きのイメージをはぐくむ内容である。

　さらに、「(4) 感じたこと、考えたことなどを音や動きなどで表現したり、自由にかいたり、つくったりなどする。(6)音楽に親しみ、歌を歌ったり、簡単なリズム楽器を使ったりなどする楽しさを味わう。(8) 自分のイメージを動きや言葉などで表現したり、演じて遊んだりするなどの楽しさを味わう」などの項目は、生活の中で保育者や他の子どもたちと創造的活動を楽しむ内容といえよう。

第2節　身体を動かす表現活動の目的

　子どもたちと行う音楽遊びの場面を思い浮かべてみよう。例えば『おべんとう箱』の手遊びで、なぜ「ぞうさんのおべんとう箱」や「ありさんのおべんとう箱」を作るのか。また『かもつ列車』のリズム遊びでは、なぜ「新幹線」や「SL」になって走るのか。

　その活動の目的はどこにあるのか。子どもたちにとって、ぞうさんのおべんとう箱を作ることは、身体をいっぱい用いた大きな動きを作り出し、そこから生じる身体活動の快感を味わうことであり、ありさんのおべんとう箱を作ることは、身体を精いっぱい縮め、そこから生じる小さい動きの快感を楽しむことにある。そのとき保育者は、大きな声を出し、ゆっくりとした速さで歌い動く、あるいは小さな声でリズミカルなしぐさをするだろう。また『かもつ列車』の「新幹線」の場面は、保育室を猛スピードで走り回る動きの楽しみを与え、「SL」の場面は、ゆったりと大きな歩幅で歩く動きの楽しみを子どもたちに与えるだろう。また、ピアノ伴奏する場合には、高音域で速く弾いたり、低音域でゆっくりと弾いている。

　このような場面で子どもたちが知覚し、認識しているものは、音楽の強弱感や速度感・高低感であり、身体運動を伴うことによって、より具体的に知覚し認識しているといえる。そしてまた、その知覚・認識の内容について、身体を用いて子どもたち同士が互いに伝達し合っているということができる。

　このような身体を動かす活動を通して、子どもたちは自身の感性をはぐくみ、自分なりの表現を楽しむ。その体験の積み重ねによって、身体をリズミカルに動かす活動が与える創造的な生活を楽しむことができるようになるのである。

第3節　身体表現活動の事例

1　感性を豊かにする事例

（1）小さい布で遊ぶ

　保育者から、丸めると子どもの手の中に入る大きさの、7色のジョーゼットの布を一人ひとり受け取る。しっかり握り締めた布を、そっと緩めると、布が花のように膨らむ。何度も手を握り締めたり緩めたりして遊ぶ。まるで小さな花が咲くように、布は広がったり縮んだりする。保育者は、子どもたちの手の動きに合わせて、擬音語「ギュッギュッギュッギュッ」や「ふわあ～」と声を掛ける。

　ピアノで『チューリップ』の曲を演奏し始めると、小さな手の中で広がった布がリズムに合わせて揺れる。「1、2、3、4、ぽ～ん！」と空中に投げ上げると、緩やかにちょうちょのように落ちてくる。白や黄の布を持った子どもたちは「ちょうちょ♪～」と言いながら走り出す。保育者が『ちょうちょう』の曲を演奏する。演奏が終わると保育者は「ちょうちょさんは、お花に止まるよ」と言いながら、布をお花にして振っている子どもたちにタッチする。自然に始まった「ちょうちょとチューリップ」の遊びに子どもたちは夢中になる。

　しばらくして、ブルーや緑、紫色の布の子どもたちが「おばけ～」と頭から布をかぶって歩き始める。「キャアー」と言いながら子どもたちは逃げ出す。鬼ごっこの始まり。保育者は『チューリップ』や『ちょうちょう』の曲を交互に弾きながら、ときどきピアノの低音部で、お化けが出てきそうな怖い音を鳴らす。お化け役の布を持っている子どもたちが「おばけ～」。布がいつの間にか、子どもたちの役割を生み出す。

　そのうち、首に巻きつけてアンパンマンになって走り出す子どももいる。保育者はピアノで『アンパンマンマーチ』の曲を弾く。次々に子ど

もたちが「アンパンマン」になって走り出す。保育者は、走り疲れた子どもたちの布をそれぞれ結んで長い長いひもにし、「よ～いしょ、よ～いしょ」と引っ張る。最後は、綱引きに。

　小さな布とのさまざまのかかわりの中から、自分の好きな動きを見つけて遊んだり、先生や友達と一緒に楽しく遊ぶ時間となった。

(2) 大きい布で遊ぶ

　保育者は、青色の大きなシーツを棒状に巻いた布を子どもたちの前で少しずつ「よいしょ、よいしょ」と掛け声をかけながら広げていく。布上に乗る子、潜る子、引っ張る子、見ている子、次々にいろいろな子どもたちが現れる。潜る、はう、など、みんなでやったらおもしろそうな動きを取り上げ、掛け声を「いちに、いちに」とかけながら展開する。

　おサルの縫いぐるみを布の中にほうり投げ、「さあ、みんなもサルさんといっしょに泳ぐ？」と問いかけてみる。子どもたちは競って青い海（布）の中に入る。後ろ足をばたばたさせながら泳ぐまねをしている。「バシャバシャバシャバシャ、バシャバシャバシャバシャ」という掛け声で、うれしそうに脚をばたばたさせている。

　今度は、保育者４人で、布の４つ角を持って大きく広げ、上下に振る。布は、バルーンのように膨らみ、子どもたちは嬉々として布の下に潜り、布が引き起こす大風の感触を楽しむ。手遊び『３匹のこぶた』の「風が吹いて、大風で、風が吹いて、大風で」の部分を何度も歌いながら布を上下運動させると、両手をそれに合わせて上下運動させる子どもたちも出てくる。子どもの手に余る大きな布との出会いは、子どもたちのさまざまな動きを誘う楽しいリズム遊びへと変身していく。

(3) 大好きな段ボール

　食料品店やスーパーマーケットに行ってもらってきた、さまざまな大きさの段ボール箱。子どもたちは、好きな大きさの箱をめいめい取っ

て色画用紙を張り、色紙でいろいろな模様を作り、段ボール箱の壁面に張り付ける。

　保育者は「どんなすてきな箱ができたか、みんなで見合いっこしよう」と呼びかける。いろいろな箱が次々に並び、そこが、子どもたちの大事な居場所である。「みんなでお散歩に行きましょう。そして先生が『かみなりだ！』と言ったら、みんなのおうち（段ボール箱）に帰ってね」と保育者は呼びかけ、しばらくお散歩ごっこをして遊ぶ。

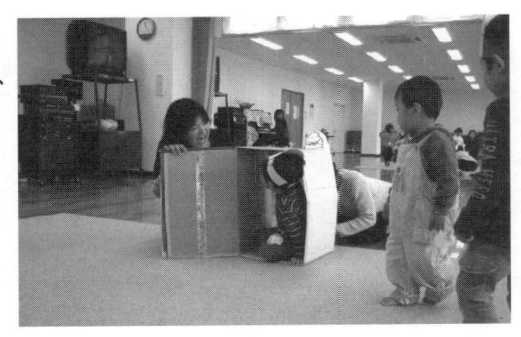

段ボール箱のトンネルくぐり

　そのうち、箱を抱えて、「SL！」と叫んで走り出す子どもが現れる。電車ごっこの始まりである。また、トンネルくぐりも始まる。小さい箱、長い箱、狭い箱、大きい箱をつなげ、楽しいトンネルくぐり。「積み上げてみようや」という誰かの一声で、みんなの箱を積み上げる。段ボールがすてきなトーテムポールに変身。

　さらに最後は、段ボール太鼓の出現。子どもたちはそれぞれ座って「トントントン、トントントン、トトトントン……」と自分の段ボールをたたく。

　段ボールは子どもたちの大好きな教具の一つである。子どもの興味や関心をうまく引き出しながら、さまざまの動きを楽しむことができる。

(4) フープで遊ぼう

　赤、青、黄、緑、白などのカラフルなフープを大小取りまぜて、保育室の床に並べる。子どもたちは、フープの中を出たり入ったり。一直線に並べてケンケンパーのように跳ぼうとしている子どもも現れる。跳んでいる子どもたちのために大きいフープと、そのあとに小さいフープ

をケンケンパーの「パー」のように2つ並べてくれている子どもも出てくる。「じゅんば〜ん」と誰かが叫ぶ。子どもたちは一列になって、並べたフープを順番に跳んでいく。中には跳ぶ子どもたちの力に合わせてフープとフープの間を調整してくれる子どももいる。

保育室は、いつの間にかさまざまな「ケンケンパー」リズムでいっぱい。「先生、太鼓たたいてみるからね」と、保育者はハンドドラムを持ち出し、跳んでいく子どもに合わせて太鼓を打つ。一人ひとりがさまざまなリズムで跳んでいく。「○○ちゃん、新幹線みたいに跳んでった」などと言い出す子どもも現れた。

個々の子どもの獲得している力や遊び方をうまく利用していく保育者の働きかけで、フープの遊びはみんなの遊びとして展開されていく。

(5) 楽しいお散歩〜音やリズムに乗ってなりきって遊ぼう

＜教材・教具：手作り絵本、子どもたちの動きを支える音楽、変身グッズ＞

先生の製作した電車を首から掛け、走る、ゆっくり山登り、トンネルくぐり、信号で止まるなどして散歩に出かける。駅に到着。動物たちのアパートのドアをノックし、出てきた動物に変身して遊ぶというお話の展開。ゾウさんの場面では、みんな赤ちゃんゾウになって遊ぶ。たぬきのお祭りでは、先生のピアノのリズムに合わせて楽しく踊る。ごっこ遊びが自然に展開していく中で、一人ひとりの動きのリズムが保育者の演奏する音楽によって確かなものとなり、さまざまなリズム感を身につけていく。

赤ちゃんゾウに変身

2 身体表現を楽しむ事例

（1）僕のリズム・私のリズム〜音やリズムを感じて絵遊びを楽しもう

＜教材・教具：大太鼓、小太鼓、大小のたんぽ、水彩絵の具、丸や四角に切った黄緑色の画用紙＞

「さあ、いろんな動物さんがみんなの広場に遊びにくるよ」。保育者は、大小の太鼓をたたく。子どもたちは思い思いの動物に変身して、保育室のあちこちを足音を立てて歩き回る。ゾウやライオンになったり、リスやウサギになったりと、さまざまな動きが見られる。「さあ、今度はみんなで変身した動物の足音を描いてみよう」との保育者の声掛けで、子どもたちは太鼓の音を聞きながら、丸や四角の色画用紙に、絵の具の染みたたんぽを落としていく。四角に切った画用紙の隅から順番に落としていく子、大きい太鼓は大きいたんぽ、小太鼓は小さいたんぽで空間を詰めて、というように、太鼓の音量とテンポを忠実に聴きながら活動を楽しむ。「あのね、タヌキさんが歩いてきたんだよ」「リスさんがチョコチョコ走ってきた」など、絵が完成した後の子どもたち一人ひとりのお話が楽しい。

本事例は、保育の現場では比較的行われていないものであろう。しかしながら、身体を動かすさまざまな体験を経てきた子どもたちの心の中は、いろいろなものの動きのイメージが盛りだくさんである。そのイメージは、心の中のイメージに合いそうな音や音楽を提供することで、音や音楽を確かな動きのイメージと関連づける力となっていく。

動物の足音を描く

（2）好きな洋服を着て踊って遊ぼう

＜教材・教具：パステルカラーの色画用紙（丸、三角、四角、各自5〜6枚）、7色マーカー、白・赤・青・黄の子どもたちが着ることができる大きさのビニール袋＞

子どもたちの大好きな体操の曲『チュンチュン・ワールド』に合わせて踊る洋服の製作を子どもたちに提案。それぞれが選んだビニール袋に、思い思いにパステルカラーの色画用紙（丸、三角、四角）を張っていく。丸、三角、四角を組み合わせて数羽の鳥を製作した子や、自分の鳥と友達の鳥を作った子、家族の鳥を作った子など、曲から受けた一人ひとりの印象を造形表現として表していた。みんなで着て、音楽に合わせて楽しく踊った。

子どもたちの好きな曲を描画などの視覚的方法で表現する活動としてしくむことで、それらの曲の正体をはっきり自覚することができる。そのことによって、子どもたち一人ひとりの観賞のあり方、すなわち個性を保育者はつかむことができる。

3　身体表現を創造的に楽しむ事例

（1）聞こえるね命の音～心で感じたことを身体で表現しよう

＜教材・教具：キノコの胞子がはじける音、氷河が溶ける音、波の音、雷の音が収録されたDVD、変身するための布いろいろ＞

みんなでDVD『いのちの音』を視聴する。そこから聞こえてくる音をそれぞれ擬音語にして遊ぶ。保育者は、それを板書し、みんなで唱えて遊ぶ。

次に、聞こえる音からそ

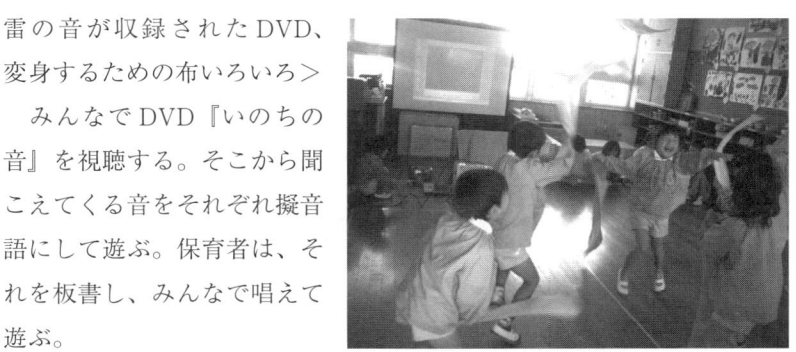

音のイメージを身体表現

第9章◆幼児の音楽的活動とその援助のあり方

の動きをイメージして、身体表現をして遊ぶ。きのこの胞子がはじける音では「パチパチパチ」「パラパラパラ」や「ポンポンポン」「ポッポッポッ」などの3シラブルから成る擬音語を作り、茶色の布をかぶって飛び跳ねる。雷の音では「ゴロゴロゴロ」「ドジドジドジ、ガラガラガラ」などの擬音語と「ドシーン」が現れ、色とりどりの細長い布を持って横に振る、跳ぶなど、言葉のリズムと一体的になりながら身体表現をして楽しむ。そのうち子どもたちの中から、きのこの胞子の歌が生まれた。

　感じたことや考えたことを擬音語などの言葉に置き換え、それをさらにものの動きや身体の動きで表現する体験をしくむ。その体験によって一人ひとりが感じたことや考えたことが、子どもたちみんなの楽しい活動となる。楽しい活動はまた、次なる活動への興味や関心を生み出す重要な手がかりとなる。

(2) お姫様を助け出せ～みんなで一つのお話を作り出そう

　＜配役（海賊、お姫様、妖精、忍者）と関係する衣装や背景画製作、音楽：ブルグミューラー『スティリアの女』＞

　保育者が弾くピアノ、ブルグミューラー作曲『スティリアの女』を聞いて、さまざまの場面について、誰が登場するか、何人いるか、何をしているか、どんな服装をしているかなどといろいろ想像し、みんなで話し合いを楽しむ。次に、その様子をめいめい絵に描いてみる。その後、配役を決め、お話作りをし、登場人物に合わせた衣装製作をし、みんなで配役に分かれ演じて遊ぶ。互いに共通の話題で話し合う中で、音楽に合わせて振り付けを考え合ったり、劇の続きを

音楽を劇表現する

考えようという声などが見受けられるようになった。ダンスの場面では、音楽のフレーズやリズム形に合わせた振り付けや、隊形を工夫し合う姿も見られた。

　音楽を聞く体験を描画やお話、身体を動かす活動などへと転換していくことで、音楽作品の背景にあるさまざまな事柄をイメージする喜びが体験できる。しかもそれを子どもたちみんなで楽しむことができれば、それは、表現を毎日楽しむ創造的生活の誕生となる。

第4節　環境と援助のあり方

　幼稚園教育要領の領域「表現」の「内容の取扱い」については、以下のような記述がある。

　初めに、「(1) 豊かな感性は、自然などの身近な環境と十分にかかわる中で美しいもの、優れたもの、心を動かす出来事などに出会い、そこから得た感動を他の幼児や教師と共有し、様々に表現することなどを通して養われるようにすること」とある。子どもたちが、身近な環境にかかわり、心を動かす出来事に触れられるような環境や教材・教具を準備し、子どもたちの豊かな感性を引き出すよう留意したい。またその体験は、子どもたち一人ひとりの思いを友達や保育者と共有・共感し合ってこそ、豊かな感性となることに留意し、感じたことを互いに表現し合えるような環境づくりを心がけることが大事である。

　続いて、「(2) 幼児の自己表現は素朴な形で行われることが多いので、教師はそのような表現を受容し、幼児自身の表現しようとする意欲を受け止めて、幼児が生活の中で幼児らしい様々な表現を楽しむことができるようにすること。(3) 生活経験や発達に応じ、自ら様々な表現を楽しみ、表現する意欲を十分に発揮させることができるように、遊具や用具などを整えたり、他の幼児の表現に触れられるよう配慮したりし、表現

する過程を大切にして自己表現を楽しめるように工夫すること」とある。

　子どもの表現は、大人のそれとは大きく異なる。表現そのものよりも、その表現が生まれた背景や文脈を重視し、友達との関係や教材・教具との関係をつぶさに吟味していく保育者の援助が、子どもたちの豊かで自然な表現を生み出す源となるのである。

【参考文献】
　　今川恭子ほか編『子どもの表現を見る、育てる』文化書房博文社、2005年
　　今村方子「幼児の表現特性を生かす音楽指導の検討―創造的表現活動と
　　　　見られる事例を通して」『日本保育学会第58回大会論文集』、2005
　　　　年
　　森上史郎ほか編『保育用語辞典』ミネルヴァ書房、2000年
　　小川容子ほか編『音楽する子どもをつかまえたい』ふくろう出版、2008年

第10章
即興表現する活動の展開例

渡辺 厚美

子どもの即興表現は素朴なものである。しかしその表現の中には、子どもの心情や音楽の根源的なものを見ることができる。子どものそのような表現を理解し、認め、はぐくんでいくことは、子どもの音楽的成長をうながすことにつながる。この章では、即興表現する活動の展開例を中心に取り上げる。また、即興表現する活動の意義にも触れる。

第1節　子どもにとっての即興表現

1　子どもの即興表現

　即興表現というと、ジャズのアドリブや歌に即座に伴奏を付けることなど、音階や和声に基づいて行われる専門的な知識や技術を必要とする難しいこととらえられがちである。しかし、ここでいう即興表現とは、子どもが見たり、聞いたり、触れたり、動いたりして感じたことや考えたことを、声や音や身体の動きなどによって表現するというものであり、音楽の専門的な知識や技術を教える活動ではない。

　それでも、音楽活動に即興表現を取り入れるということに難しさを感じるかもしれない。しかし、子どもは生活の中で自ら即興表現を行っている。夢中になって、絵を描いたり、折り紙を折ったりしているときなど、その作業に関連した独り言をつぶやくうちに、それが歌になっていくことがある。また、言葉を話す能力が大きく発達していく幼児期において、子どもが語感のおもしろさに敏感に反応し、言葉を繰り返しながら自由に変形し、それを歌にして遊ぶことも日常よく見られる。また、子どもは歌だけでなく楽器に対しても、しばしば、どのような音が鳴るのか、どのように音を出すのかなどの興味からさまざまな試みをし、気に入った音を見つけ出し、即興的に音を出して楽しんでいる。これらの行動を即興表現ととらえると、子どもの即興表現への動機づけは強いと

見られる。

　このように、子どもは自分の行為が即興表現であることを意識することなく、日々の生活の中で実に簡単に音を出したり、歌を作ったりしている。そこで生まれた歌は、言葉に合った、自然で無理のない旋律である。また、子どもの心情がすなおに表されているものである。たとえ単純で素朴な内容であっても、一つの音楽として認められるべきものといえる。

2　即興表現する活動の意義

　子どもは興味や好奇心から、言葉や楽器だけでなく、あらゆるものに働きかける。そこにはさまざまな気づきがある。即興表現する活動では、そのような気づきを大切にし、気づきをさらに発展させたり追求したりする。このような活動をすることには、既成の歌を歌ったり演奏したりすることだけでは得られないさまざまな意義がある。その意義は、音楽的な側面と教育的な側面からとらえることができる。

　即興表現する活動における主な音楽的意義としては、以下の5点が挙げられる。

　①音楽を構成する要素や原理に気づくことができる。
　②多様な表現、様式、ジャンルの音楽を受容できるようになる。
　③音楽を演奏するときの基礎となる能力を得ることができる。
　④音楽や共に演奏する仲間に合わせて、自分の身体を調整することが
　　できるようになる。
　⑤歌唱・器楽・鑑賞といった多様な音楽活動に生きてくる。

　また、即興表現する活動における教育的な主な意義としては、以下の4点が挙げられる。

　①子どもが、遊びやゲームのルールに従って、能動的に音楽表現活動
　　に参加することができる。
　②集団の一員として、自分の役割を意識することができる。
　③子ども一人ひとりの良さ、個性や考え、好みなどを生かすことがで

きる。
　④ 子ども同士が互いに認め合うことができるようになる。

　また、即興表現する活動は、指導する側が子どもに合わせて内容を発展させていくことが可能な活動である。指導者がどのように活動を発展させるかにより、活動のねらいや活動の楽しさ、子どもたちの育ちが変わってくる。即興表現する活動では、指導者の音楽に対しての考え方が大きく反映される。指導者自身が、さまざまな音楽に心を開くことが重要である。

第2節　音やリズムを感じる即興表現

1　音を感じる即興表現

　音楽は、音を主材として思想や感情を表現する時間的芸術であるといわれている。音の持つさまざまな表情や個性を感じる力は、音楽を演奏したり鑑賞したりするときに欠かせない能力といえる。
　また、音を感じる能力は、専門的な音楽のトレーニングのみではぐくまれるものではない。日常生活や遊びの中で、音やリズムに関するさまざまなことに気づいたり、興味を持ったりした経験も大きく影響してはぐくまれていくものである。事例1「行進曲を作ろう」および事例2「どんな音？」は、音を意識し、感じることをねらいとした活動である。

〔事例1〕行進曲を作ろう
　①みんなで行進
　行進曲を作る人を1人決める。行進曲を作る人は、タンバリンや太鼓、ギロなど、好きな楽器を選んで好きなように演奏する。この演奏に使うものは、楽器でなくても音が出るものなら何でもよい。

ほかの子どもたちは、行進する人になる。行進する人は、聞こえてくる音に合わせて歩く。行進曲を作る人は、ゆっくり歩く音楽や小走りの音楽、スキップの音楽、飛び跳ねる音楽など、楽器の選択や演奏方法を工夫する。

②1人で行進

　行進する人を1人だけにする。ほかの子どもたちは、好きな楽器や音の出るものを選んで自分の出す音を決める。音を出す子どもたちは、右足担当と左足担当の2つのグループに分かれ、行進する人が足を床に着ける瞬間に音を出す。行進する人はゆっくり歩いたり速く歩いたりして変化をつける。片足跳び、両足跳びをしてもおもしろい。

〔事例2〕どんな音？

　この活動では、いろいろな音を擬音語や楽器で表現する。一つの物が持つ音は実に豊富である。また、その音をどのようにとらえているかは、人によってさまざまである。例えば、水に関する擬音語を考えてみると「ポタッ」「ザー」「タップン」「バッシャン」「タラタラ」などがすぐに浮かんでくる。どのようなときにどのような音が聞こえてくるか、場面を思い浮かべながら話し合う。次に、好きな擬音語を好きな楽器で表現する。

　この活動をするときの共通のテーマとしては、「水の音」「雨の音」「風の音」「足音」「何かを食べるときの音」「動物の鳴き声」などが挙げられるが、テーマを探すことを子どもに任せてもよい。

2　リズムを感じる即興表現

　リズムは、音楽を構成する要素の一つである。しかし、リズムは音楽の中だけにあるのではない。話し言葉や身体の動きにもリズムはある。ここで取り上げる活動は、リズムを作ったり工夫したりすることから、リズムのおもしろさを感じる活動である。

〔事例3〕 言葉から生まれるリズム

　ふだんなにげなく話している言葉も、短く早口で言ったり、長く引き伸ばしたりすると、おもしろい表情が付いてくる。いくつか言葉を選んで、みんなでいろいろな言い方を考えてみる。

　例えば、「かぶーとむーし」「かーみきーりむしー」などのように工夫してみる（**譜例1**）。言葉のリズムが変化すると、言葉を唱えるときの音の高低も変わってくる。自分の名前をこのように変化させて、みんなで自己紹介をしてもおもしろい。2拍子、3拍子などの拍子に収まるように考えても楽しい。

〈譜例1〉

♪ ♩ ♪ ♩	♩ ♩ ♩ ♩ ♩ ♩
か ぶー と むー し	かー み きー り む しー

〔事例4〕 ボディリズムで遊ぼう

　この活動では、子どもたちの身体が楽器になる。リズムに乗って身体を動かし、身体から出る音を楽しむことがこの活動のねらいである。

　①ボディリズムのリレー

　まず、子どもたちは輪になる。次に、リーダーを一人決める。リーダーは、自分の身体の好きな場所を3つ選んで打つ。例えば、「肩、ひざ、お尻」をたたく。これを3拍子のリズムに乗って繰り返す。ほかの子どもたちは、リーダーのリズムを覚えてまねをする。全員がしっかり覚えたら、一人ずつ回していく。3拍子に乗れるよう、「1、2、3」「ワン、ツー、スリー」などと声を掛けながらテンポよく回していく。うまくできたら、リーダーを交代する。

　②ボディリズムでしりとり

　3拍子のボディリズムをテンポよく回すことができるようになったら、

同じボディリズムを回すのではなく変化をつけてみる。初めの子どもがボディリズムで3拍目に打った場所を、次の子どもは1拍目で打ち、2拍目、3拍目は好きな場所を打つ。例えば、初めの子どもが「ひざ、肩、頭」と打ったら、次の子どもは、「頭、ひじ、お尻」「お尻、肩、頭」というように続けていく。初めは、かなりゆっくりとしたテンポで、だんだんと速くしていくと盛り上がる。

3　音楽ゲームの中の即興表現

　音楽では、同じ旋律やパターンが何回も反復して現れたり、一つの語りかけるようなフレーズに答える別のフレーズが現れたりする。反復や応答は、音楽を構成する重要な要素といえる。

　音楽ゲームは、反復や応答という音楽のしくみに基づいて展開される。音楽ゲームは、ルールに基づいて、音楽のさまざまな要素に楽しく触れることができる活動である。

　そして、ゲームであるからには、間違えたり、失敗したりしたときのために罰ゲームを用意してもおもしろい。

〔事例5〕　穴埋めゲーム

　この活動は、一般的にナンバーコールと言われているゲームである。輪になって、全員で手拍子を2拍打った後に、右手、左手の順に手のひらを上に向けて2拍休む。手拍子が休みの2拍に、いろいろな言葉を入れて回していく（**譜例2**）。例えば、名前を入れて自己紹介をしたり、果物や動物などが描かれたカードを配って、そのカードに描かれている果

〈譜例2〉

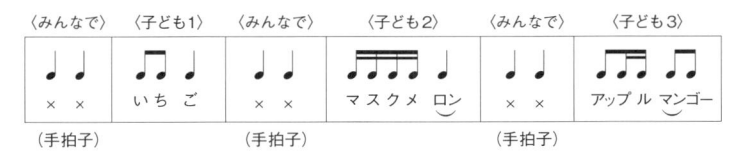

〈みんなで〉	〈子ども1〉	〈みんなで〉	〈子ども2〉	〈みんなで〉	〈子ども3〉
× ×	いち ご	× ×	マスクメロン	× ×	アップル マンゴー
（手拍子）		（手拍子）		（手拍子）	

物や動物の名前や動物の鳴き声を入れたり、また、1周目は言葉で入れ、2周目は声を出さずに1周目に入れた言葉のリズムを手拍子にしてもおもしろい。

〔事例6〕 目を閉じて音を回そう！
　輪になって、目を閉じて音を回していくゲーム。リズムパターンや言葉などをテンポよく回していく。目を閉じることによって、音のとらえ方が変わってくる。また、音への集中力も必要とされる。慣れてきたら、回す速度に変化を付けたり、強弱に変化を付けたりする。前の子どもが大きな音を出したら、次の子どもは小さな音にしたり、少しずつ大きな音にしていったりする。前の子どもと違う表情で言葉を言ってもおもしろい。

〔事例7〕 音なしリズムのリレー
　輪になったり、列を作ったりして、リーダーが作ったリズムを回していくゲーム。このゲームでは、音は出さない。例えば、背中や肩、手のひらを指先でそっとたたいて、リズムパターンを回していく。背中はノックしてもよい。あるいは、輪になったり、列になったりして手をつなぎ、つないだ手をギュッギュッと握ることによって、リズムパターンを回していく。

第3節　即興表現から音楽へ

1　物語に合わせて

　子どもが好きなお話や絵本には、さまざまな音が出てくる場面がある。事例8「お話の中の音」は、物語の中に出てくる音を、楽器などを使っ

て表現する活動である。

〔事例8〕 お話の中の音
　子どもたちの好きな物語を一つ選ぶ。音が出てくる場面や音で表現したい場面を探す。それぞれの子どもが、好きな場面を選び、その場面を表現するのにふさわしい楽器や音の出るものを探し、どのように音を出すのかを決める。物語の流れに沿って、順に表現していく。

2　音楽を作る

　ここでは、テーマを決めて探した音を、重ねたり、つなげたり、繰り返したりすることによって音楽を作る活動を取り上げる。

〔事例9〕 水のお話
　水は、雨、小川、滝、海、雲、雪、氷など、さまざまな姿を持っている。ここでは、水がその姿を変えていく様子を音で表現することから、一つのまとまった音楽を作っていく。
　例えば、山奥でわいた水が、小川になり、急流になり、大きな川になり、やがて海に流れ着く様子を音楽にする。わき水グループ、小川グループなどに分かれて、それぞれが出す音を考える。指揮者を一人決めて、指揮者の合図で音を出したり、音の大きさを変えたりする。

〔事例10〕 動物園へ行こう
　この活動では、保育室が動物園になる。動物になる人と動物園に来た人に分かれる。動物になる人は、それぞれ好きな動物を選んで、鳴き声や動物の様子をどのような音で表現するかを決めて、保育室のあちこちに散らばる。動物園に来た人は、動物園の中を歩く音楽を考え、保育室の入り口に待機する。
　動物園に来た人が保育室に入ったところから音楽が始まる。動物園に

来た人は、保育室に散らばった動物になる人を順に訪ねていく。歩いている間は、歩く音楽を演奏し、動物の前に来たら音楽を止める。動物園に来た人が、動物になる人の前まで来て音楽が止まったら、そこにいる動物になる人が音を出す。動物の演奏が終わったら、動物園に来た人は再び歩き始め、別の動物を訪ねる。これを繰り返して音楽を作っていく。このようにしてできた音楽はロンド形式になる。

〔事例11〕 ケチャを作ろう

　ケチャは、インドネシアのバリ島に伝わる民俗芸能である。ケチャは、いくつかのパターンが重ねられたりつなげられたりして、一つの曲になっている。

　テーマを決めて、言葉をいくつか選ぶ。言葉をいろいろなリズムで言ってみる。おもしろいリズムができたら、それを繰り返したり、つなげたり、重ねたりしてさらにおもしろいパターンに発展させていく。長いパターンや短いパターンをいくつか作っておく。例えば、果物をテーマにしたときには、「バッナナ」「バーナナ」「バナーナバーナナ」「りっんごみかーん」のように工夫する。

　指揮者を1人決める。グループに分かれ、それぞれ唱えるパターンを1つ決める。指揮者の合図で、パターンを唱えたり止めたりする。この曲のクライマックスや終わりの部分で、全員が唱える共通のパターンを作ってもおもしろい。例えば、果物をテーマにしたときには、「くだも

〈譜例3〉

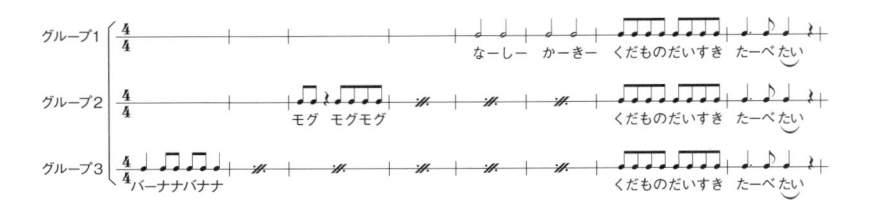

のだいすきたーべたい」など、それぞれのグループが唱えるパターンとは少し変えてみる（**譜例3**）。

　指揮者が、グループに向かって右手の手のひらを開いたらパターンを唱え、手を握ったらパターンをやめ、両手を高く上げて手のひらを開いたら共通のパターンを唱えるなど、合図も話し合って考える。

第4節　さらに豊かな即興表現のために

1　音に耳をすます活動

　即興表現をより豊かなものとするためには、音に耳をすまし、一つ一つの音の違いや表情などに気づく力をはぐくむむことが大切である。ここでは、即興表現をするための基礎となる、そのような力をはぐくむための活動を取り上げる。

〔事例12〕　目を閉じて耳をすまそう

　目を閉じて、周りの音に耳をすます。耳をすました後に、何の音が聞こえたか、みんなで話し合ってみる。みんなが聞こえたのに、自分が聞こえなかった音や、自分だけが聞こえた音は何の音か考えてみる。この活動を何回か繰り返すうちに、今まで聞こえなかった（意識しなかった）音が聞こえるようになる。

　また、いろいろな場所で、目を閉じて耳をすましてみる。場所によって、聞こえる音がどのように違うか話し合う。

〔事例13〕　耳を当てて聞いてみよう

　床や壁に耳を当てて聞くと、いつもと違った音に聞こえる。おもしろい音が聞こえる場所を探してみよう。また、床や壁以外に、机や友達の

背中やおなかに耳を当ててもおもしろい。

2 音の振動に触れる活動

　音は空気の振動である。音がするところには振動がある。この活動ではさまざまな音の振動に触れる。

〔事例14〕　音に触ってみよう
　①太鼓
　太鼓をたたいてから、ほおを鼓面に近づける（耳を近づけているときに太鼓をたたかないように注意する）。
　②マリンバ
　マレットでマリンバの音盤をたたいて、響鳴管に手を触れる。
　③のど
　声を出しながら、のどに触れてみる。
　④アルミホイル、ラップ、紙
　アルミホイル、ラップ、紙などを口に当てて声を出す。唇がビリビリすることを感じる。
　⑤ギター
　ギターの弦をはじいて、そっと触れてみる。

3 音を集める活動

　即興表現では、さまざまな音を用いる。ふだんから、多様な音を探したり表現したりすることから、即興表現だけでなく、歌を歌ったり楽器を演奏するときに、よりふさわしい音の出し方を工夫する力が身につく。

〔事例15〕　音のコレクション
　テーマを決めて、できるだけたくさんの音を探す。その音を擬音語で言ったり、楽器などで表現してみる。

例えば、「新聞紙を使って出せる音」「水を使って出せる音」「身体を使って出せる音」「一つの楽器（例えばタンバリン）を使って出せる音」を探して表現する。

〔事例16〕　仲間の音を見つけよう

　音にはいろいろな性格がある。長い音、短い音、大きな音、小さな音、優しい音、怖い音、乾いた音、だんだん大きくなったり小さくなったり、変化していく音もある。似ていると思う音を見つける。
　例えば、「音色の似ている音」「長い音」「きれいな音」「嫌いな音」「変わっていく音」「動く音」について考える。

4　即興表現と音楽性

　子どもたちと音楽にかかわる活動をするとき、指導者は常に、子どもたちに豊かな音楽性を身につけてほしいと願っている。この音楽性については、これまで西洋音楽中心に考えられることが多かった。西洋音楽に関して、演奏や聞き取りの能力に優れた人は音楽性があると評価されてきた。しかし、音楽性はそれだけでは評価できない。例えば、学校で習った歌はうまく歌えないが、演歌は得意だという人や、音楽の成績は悪く楽譜が読めないにもかかわらず、ポピュラー音楽はプロ並みに演奏できる若者もいる。逆に、ピアノの演奏は上手だけれど、カラオケでうまく歌うことができない人もいる。
　音楽性は、育った環境や文化に大きく影響を受ける。例えば、毎日話している言葉の影響は大きい。日常接する「きを　つけ　ろ　くる　まは　きゅう　に　とま　れな　い」などの交通標語や、幼稚園、保育所、小学校で一斉にあいさつをするとき、「いた　だき　ます」「こん　にち　は」などの拍節を用いた言葉のリズムにも、音楽性は影響を受けている。日本人は、こうした拍節に乗せて応答する能力を、子どものころから自然に身につけている。日本の子どもの音楽性は、このようなところにも育っている

といえる。

　以前は、西洋芸術音楽だけが高尚ですばらしいという考え方をする人たちが多くいた。諸民族の音楽も、西洋音楽との構造の違いなどを中心に研究されてきた。しかし、1960年代に、人類学者や社会学者が音楽の研究に加わることによって、どの民族の音楽も社会・文化的な脈絡の中でとらえられるようになり、音楽の価値観も変わってきた。それまで、絶対的なものであった西洋芸術音楽も、ヨーロッパの民族音楽が独自の発展を遂げたものだと考える人々も出てきたのである。どの民族の音楽も、ポピュラー音楽も、現代前衛音楽も、西洋芸術音楽も、人間の表現であるという点では等しく価値のある音楽といえる。

　また、音楽の価値観が広がるにつれて、音楽に使われる素材も広がってきた。例えば、現代音楽の作曲家やポピュラー音楽のミュージシャンは、積極的に民族音楽で使われる音や、身の回りにある楽器以外のものから出る音を作品に取り入れている。また、各地の民謡がポピュラー音楽の影響を受けて、少し形を変えて多くの人に受け入れられてもいる。このような傾向は、伝統的な音楽を大切に守り継承するという流れの一方で、音楽の世界が広がるという点では、多くの人々にとって喜ばしいことだといえよう。

　このように、音楽の世界は確実に広がってきている。どの音楽も同じように価値あるものである。しかも、それぞれの音楽によって必要とされる音楽性は異なっている。それでは、子どもたちにはどのような音楽性が必要とされているのだろうか。

　微妙な差異に気づくことができる、違うことのおもしろさがわかるようになる、違いを認め合うことができるようになる——音楽が多様化していく中で、子どもたちにはそのような力が必要とされていく。こうした力をつけて、一人ひとりの子どもたちが自分の好きな音楽の世界を広げていくことができたらよいのではないだろうか。また、そういった力を身につけて、多様な音楽を受容することができるようになった子ども

たちは、それぞれ互いの個性を認め合い、受容し合える子どもたちに育っていくといえよう。即興表現する活動とは、そのような力をはぐくむ活動でもある。

【参考文献】
梅沢堯夫『子どもと音楽』東京大学出版会、1999年
柴田礼子『子どものためのたのしい音遊び―伝え合い、表現する力を育む』音楽之友社、2009年
山崎晃男「幼児による音楽演奏における感情の表現」『大阪樟蔭女子大学人間科学研究紀要』第3巻、大阪樟蔭女子大学、2004年
小泉恭子『いろんな音をさがしてあそぼう』明治図書、2000年
Murray Schafer／今田匡彦訳『音さがしの本―リトル・サウンド・エデュケーション［増補版］』春秋社、2009年
渡辺厚美「音楽行動における表現の根底にあるもの―1年生児童の音楽行動に基づいて」『音楽学習研究』第4巻、音楽学習学会、2008年

第11章
音楽的活動の計画と評価

浅倉 恵子

保育所保育指針では、「保育所は、……保育の目標を達成するために、保育の基本となる『保育課程』を編成するとともに、これを具体化した『指導計画』を作成しなければならない」「保育の内容の評価及びこれに基づく改善に努め、保育の質の向上を図るとともに、その社会的責任を果たさなければならない」としている。本章では、保育における音楽的活動の計画と評価について見ていくことにする。

第1節　音楽的活動の計画

1　保育課程

　保育課程は、以下（ア）～（ウ）の事項に留意して編成される。
（ア）　保育の方針や目標に基づき、子どもの発達過程を踏まえ、ねらい及び内容が保育所生活の全体を通して、総合的に展開されるよう、編成されなければならない。
（イ）　地域の実態、子どもや家庭の状況、保育時間などを考慮し、子どもの育ちに関する長期的見通しを持って適切に編成されなければならない。
（ウ）　子どもの生活の連続性や発達の連続性に留意し、各保育所が創意工夫して保育できるよう、編成されなければならない。
　さらに保育課程は、音楽的活動にかかわる保育の目標「感じたことや考えたことを自分なりに表現することを通して、豊かな感性や表現する力を養い、創造性を豊かにする」を考慮に入れて編成される。

2　指導計画

　指導計画は保育課程に基づき、以下のように作成される。
（ア）子どもの生活や発達を見通した長期的な指導計画と、それに関

連しながら、より具体的な子どもの日々の生活に即した短期的な指導計画を作成して、保育が適切に展開されるようにすること。
（イ）子ども一人一人の発達過程や状況を十分に踏まえること。
（ウ）保育所の生活における子どもの発達過程を見通し、生活の連続性、季節の変化などを考慮し、子どもの実態に即した具体的なねらい及び内容を設定すること。
（エ）具体的なねらいが達成されるよう、子どもの生活する姿や発想を大切にして適切な環境を構成し、子どもが主体的に活動できるようにすること。

3　音楽的活動の長期指導計画

　長期指導計画には、年間指導計画、期別および月別指導計画がある。音楽的活動の長期指導計画は、保育課程に基づき、かつ子どもの発達過程を踏まえ、ねらい及び内容を設定して作成される。以下では、音楽的活動の長期指導計画を作成する際に押さえておかなければならない2点、まず音楽的活動にかかわる子どもの発達、次にねらい及び内容について、「保育所保育指針」から抜粋しよう。

(1) 音楽的活動にかかわる子どもの発達

（1）おおむね6か月未満

　首がすわり、手足の動きが活発になり、寝返り、腹ばいなど全身の動きが活発になる。視覚、聴覚などの感覚の発達はめざましい。

（2）おおむね6か月から1歳3か月未満

　座る、はう、立つ、つたい歩きといった運動機能が発達すること、及び腕や手先を意図的に動かせるようになる。身近な大人との関係の中で、自分の意思や欲求を身振りなどで伝えようとし、大人から自分に向けられた気持ちや簡単な言葉が分かるようになる。

（3）おおむね1歳3か月から2歳未満

歩き始め、手を使い、言葉を話すようになることにより、身近な人や身の回りの物に自発的に働きかけていく。物をやり取りしたり、取り合ったりする姿が見られるとともに、玩具等を実物に見立てるなどの象徴機能が発達し、人や物との関わりが強まる。指差し、身振り、片言などを盛んに使う。

(4) おおむね2歳

歩く、走る、跳ぶなどの基本的な運動機能や、指先の機能が発達する。行動範囲が広がり探索活動が盛んになる中、強く自己主張する姿が見られる。盛んに模倣し、象徴機能の発達により、大人と一緒に簡単なごっこ遊びを楽しむようになる。

(5) おおむね3歳

友達との関わりが多くなるが、実際には、平行遊びであることが多い。大人の行動や日常生活において経験したことをごっこ遊びに取り入れたり、象徴機能や観察力を発揮して、遊びの内容に発展性が見られるようになる。予想や意図、期待を持って行動できるようになる。

(6) おおむね4歳

全身のバランスを取る能力が発達し、体の動きが巧みになる。自然など身近な環境に積極的に関わり、様々な物の特性を知り、それらとの関わり方や遊び方を体得していく。想像力が豊かになり、目的を持って行動し、つくったり、かいたり、試したりするようになる。仲間とのつながりが強くなる中で、けんかも増えてくる。その一方で、決まりの大切さに気付き、守ろうとするようになる。感情が豊かになる。

(7) おおむね5歳

基本的な生活習慣が身に付き、運動機能はますます伸び、喜んで運動遊びをしたり、仲間とともに活発に遊ぶ。言葉により共通のイメージを持って遊んだり、目的に向かって集団で行動することが増える。さらに、遊びを発展させ、楽しむために、自分たちで決まりを作ったりする。

(8) おおむね6歳

全身運動が滑らかで巧みになり、快活に跳び回るようになる。これまでの体験から、自信や、予想や見通しを立てる力が育ち、心身ともに力があふれ、意欲が旺盛になる。仲間の意思を大切にしようとし、役割の分担が生まれるような協同遊びやごっこ遊びを行い、満足するまで取り組もうとする。創意工夫を重ね、遊びを発展させる。

（2）音楽的活動のねらい及び内容

ねらいは、「保育の目標を具体化したもの」、「保育士等が行わなければいけない事項及び子どもが身につけることが望まれる心情、意欲、態度などの事項を示したもの」である。内容は、「『ねらい』を達成するために、……保育士等が適切に行う事項と、保育士等が援助して子どもが環境と関わって経験する事項を示したもの」である。

音楽的活動のねらいは、「①いろいろな物の美しさなどに対する豊かな感性を持つ、②感じたことや考えたことを自分なりに表現して楽しむ、③生活の中でイメージを豊かにし、様々な表現を楽しむ」である。

次に、音楽的活動の内容は以下のとおりである。

・保育士等と一緒に歌ったり、手遊びをしたり、リズムに合わせて体を動かしたりして遊ぶ。
・生活の中で様々な音、動きなどに気付いたり、感じたりして楽しむ。
・生活の中で様々な出来事に触れ、イメージを豊かにする。
・様々な出来事の中で、感動したことを伝え合う楽しさを味わう。
・感じたこと、考えたことなどを音や動きなどで表現する。
・音楽に親しみ、歌を歌ったり、簡単なリズム楽器を使ったりする楽しさを味わう。
・自分のイメージを動きや言葉などで表現したり、演じて遊んだりする楽しさを味わう。

ここで期別および月別指導計画を内包した4歳児年間指導計画の例を示そう（**表1**）。なお、本章では紙面の都合上、4歳児の指導計画を取

表1 ◆ 4歳児の年間指導計画

月	4	5	6	7	8	9	10	11	12	1	2	3
姿とねらい	【Ⅰ期】 ・新しい環境に喜びや期待を持ち過ごす。 ・好きな友達や遊びを見つけて楽しく遊ぶ。			【Ⅱ期】 ・友達と一緒にいろいろな遊びと一緒に遊んで楽しむ。 ・いろいろな活動に興味を持ち、十分に楽しむ。			【Ⅲ期】 ・積極的に仲間に入り、友達と一緒に遊ぶ楽しさを味わう。 ・力いっぱい身体を動かして遊ぶ。 ・秋の自然に親しみ、いろいろな自然物にかかわろうとする。			【Ⅳ期】 ・友達同士気持ちを伝え合って遊びを進めていく。 ・いろいろな活動の中で、自分らしさを発揮しようとする。 ・表現することの楽しさを味わう。		
内容	・やりたいことや好きな友達を見つけて遊ぶ。 ・園生活のきまりを守ろうとする。 ・保育者や友達に慣れる。 ・身近な春の草花や動植物に関心を持つ。 ・遊具や用具の扱いに慣れる。 ・**保育者や友達と歌ったり動いたりすることを楽しむ。** ・絵本やお話に親しみ、楽しんで見たり聞いたりする。			・好きな遊びを見つけて友達と楽しむ。 ・戸外で元気いっぱい遊ぶ。 ・進んで仲間に入ったり、世話をしたりする。 ・動植物に親しみ、世話をしたりする。 ・水や土などに触れる遊びを楽しむ。 ・**音楽に合わせて動いたり、楽器を鳴らしたりして楽しむ。**			・いろいろな遊びに取り組む。 ・いろいろな運動遊びを楽しむ。 ・友達を受け入れて一緒に遊ぶ。 ・虫や木の実などに親しむ。 ・遊びの中で感じたことを、いろいろな素材を使って描いたり作る。 ・**音やリズムを感じながら、楽しく動く。** ・絵本やお話を聞いて、ごっこ遊びを楽しむ。			・いろいろな遊びに積極的に取り組み満足感を味わう。 ・友達同士気持ちを伝え合う ・風、雪などに関心を持ち、冬の遊びを楽しむ ・**みんなで一緒に音楽に合わせて歌ったり、動いたり、楽器を鳴らして楽しむ。** ・友達とイメージを共有しながら、自分なりの動きや言葉で表現して遊ぶことを楽しむ。		
行事	入園お祝い会	こどもの日	プール開き	七夕夏祭り		運動会	バス遠足		クリスマス会	新年会 節分	生活発表会	ひなまつり お祝い会
	健康診断	保育参観	避難訓練	歯科検診		身長体重測定	保育参観		避難訓練	身長体重測定	保育参観	

(注) 太字は音楽的活動を示す。

り上げるにとどめるが、他の年齢についてもこれに準拠してほしい。

4　音楽的活動の短期指導計画

　短期指導計画には、週案、日案、および日案の中の限られた時間内の計画である部分案がある。短期指導計画は、長期指導計画との関連性と、週案から日案、日案から部分案へのつながりが重要である。子どもの姿（どのような発達段階にあり、どのようなことに興味を持っているか）、ねらい及び内容、環境構成（ねらいを達成させるために必要な物や場所）、

表２◆週案（４歳児、２月第３週）

先週の子どもの姿	親しんでいる絵本や紙芝居の話を、即興的に劇遊びにして楽しんでいる。好きな楽器を音楽に合わせて思い思いに鳴らし、友達や保育者と合わせて演奏することに興味を持ち始めている。
ねらい	・友達と一緒に表現する楽しさや満足感を味わう。 ・生活発表会に向けてみんなで活動する中で、自分らしさを発揮したり、友達と気持ちを伝え合ったりする。
内容	生活発表会に向けて、友達と一緒に劇遊びや合奏をする。
日	２月16日(月)　２月17日(火)　２月18日(水)　２月19日(木)　２月20日(金)
環境構成	・絵本やパネルシアターを見る。絵本やパネルシアターはすぐ見られるところに置いてある。 ・劇遊びに入りやすいように、衣装や小道具をそろえている。 　音楽テープやCDは、いつでも子どもたちが使えるようになっている。 ・いろいろな楽器は、子どもたちが自由に鳴らせるように用意されている。 　保育者が劇遊びや楽器遊びを補助するときに演奏できる楽器が備えられている。
保育者のかかわり	・生活発表会で演じたいと思うお話を絵本やパネルシアターで見せる。 ・お話のストーリーや登場人物の気持ちについて問いかけ、子どもたちの言葉を受け止め、共感する。 ・子どもたちが演じ始めれば劇遊びに参加し、子ども間の気持ちの伝え合いの仲介をしたり、BGMや動きの伴奏となる音楽を即興的に演奏して、劇の進行を援助する。 ・合奏にいっしょに加わったり、伴奏を担当して、子どもたちに合奏することの楽しさを伝える。 ・それぞれの子どもの表現を認め、表現の満足感が得られるようにする。

保育者の願い（子どもに体験させたいこと、身につけさせたいこと）、
生活の流れ、予想される子どもの活動、保育者のかかわりなどが指導計画に記述される。
ここで、音楽的活動の短期指導計画の週案（**表2**）と部分案（**表3**）の例を示す。なお週案については、音楽的活動にかかわる部分のみを取り上げる。

表3◆4歳児の部分案

子どもの姿と保育者の願い		日時	10月20日（火）
先週、動物園へ遠足に行き、バスの中やいろいろな動物を見て楽しく過ごした。帰ってからも動物のまねをしたり、絵を描いたりして、思い出している様子が見られる。想像を膨らませ、みんなと一緒に身体をいっぱい動かして、楽しい表現遊びを体験してもらいたい。		ねらい	・みんなで身体を十分に動かしながら、模倣遊びを楽しむ。 ・いろいろなリズムの違いに気づく。
		内容	・身体を十分に使って、動物や乗り物の模倣をする。 ・いろいろなリズムを体験する。

時間	環境構成	予想される子どもの活動	保育者のかかわり
10:00	［ピアノ］ ○○保○○ ○○○○○	・保育者の周りに子どもが座る。何が始まるのか興味津々の様子。 ・口々に動物の様子を話してくれたり、やって見せてくれる子もいる。 ・「行く」と言って、うきうきしている。	・保育室はいす・机を隅に寄せて、広いスペースを確保する。 ・保育者の周りに集まり、座るように声を掛ける。座った子から、はだしになるようにうながす。 ・先日動物園へ遠足に行ったことを話し、思い出話を子どもたちから聞き出す。「保育室の中で、また動物園に行くけれど、みんなも一緒に行く？」と誘う。
10:10	魔法の望遠鏡	・お弁当、水筒、お菓子、シートなど、持ち物を答える。遠足時に持参した物を思い出す。よくやっている手遊びなので、リズミカルで言葉も正確である。 ・「うわー、見せて」と言いながら、魔法の望遠鏡にたいへん興味をそそられる。	・「何を持って行く？」と問い、遠足に出かける気分を盛り上げる。お弁当の中身を話し始めたら『これくらいのお弁当箱』の手遊びをする。 筒状の空き箱を装飾して作成した魔法の望遠鏡を見せ、「今日はのぞくと動物に変身できる魔法の望遠鏡を持って行きます。ただこんな音が聞こえたら魔法が切れてしまう」と言い、ピアノの高音のトリルを聞かせる。

174

10:20	・1人バスになったり、何人かで一緒にバスになって走っている。音楽のリズムをよく聞いて、リズムの切り替えを素早くやる子もいる。 ・どんな動物がいるのか、楽しみにしている。	・「ではバスに乗って、出発！」『バスバス走る』を用い、平らな道・坂道・デコボコ道・信号で止まるをピアノで演奏する。 ・「バスは速かったから、もう動物園に着いてしまいました」。
10:30	・「ゾウ」「キリン」「ライオン」など答える。 ・取り上げた動物の模倣をする。動きだけではなく、鳴き声をまねする子もいる。それぞれの動物になりきって動く。 ・トリルの音を聞いて表現を終了し、次の動物を考えている。いろいろな動物を思い出して、表現しようとする。	・望遠鏡をのぞき「どんな動物が見える」と問う。 ・子どもたちの好きな動物から取り上げて、それぞれの動物の動きをイメージさせる音楽を弾く。 ・1つの動物の表現が終わったら、高音のトリルを聞かせ、次に見える動物を問いながら、子どもたちが表現遊びに満足するまで続ける。子どもたちの表現に対して、「強そう」「大きいね」「何を食べてる？」と対応する。 ・余裕がある場合は、動物の親子の散歩など、短いストーリーの表現へと誘う。
10:45	・「おいしいね」などと言いながら、食べるまねをする。 ・急いで帰り支度をして、走って保育室の最初の場所へと戻る。	・「おなか空いたから、お弁当を食べよう」と誘う。 ・「雨が降り出しそうになってきたので、バスで急いで戻りましょう」と言い、速い音楽を弾く。
10:50	表現遊びで発散できた子、まだやりたい子、魔法の望遠鏡が欲しいと言う子もいる。	・「今度動物園に持って行けるように、魔法の望遠鏡を作ろうか」と提案する。

第2節　音楽的活動の評価

1　保育の内容の自己評価

　保育士等および保育所は、保育の質の向上を図るため、保育の計画や保育の記録を通して、自己評価を行わなければならない。
　保育士等は、「保育の計画や保育の記録を通して、自らの保育実践を

振り返り、自己評価することを通して、その専門性の向上や保育実践の改善に努めなければならない」。その際、「子どもの活動内容やその結果だけでなく、子どもの心の育ちや意欲、取り組む過程などに十分配慮すること」、また「職員相互の話し合い等を通じて、……保育所全体の保育の内容に関する認識を深めること」に留意しなければならない。

　保育所は、「保育の計画の展開や保育士等の自己評価を踏まえ、当該保育所の保育の内容等について、自ら評価を行い、その結果を公表するよう努めなければならない」のである。

2　音楽的活動の自己評価

　保育士等の音楽的活動に関する自己評価は、①子どもの音楽的活動の計画を適切に作成できたか、②十分な実践力で計画を実行したか、③子どもになんらかの育ちがあったか、という3つの観点で行われる。

　①については、子どもの関心、発達段階を正確にとらえて、適切なねらいと内容、適切な環境構成、保育の流れ、援助法を設定したかということである。②については、計画を実行するのに十分な実践力を発揮できたかどうか。すなわち保育の展開や子どもとのかかわりが適切であったかどうかということである。③は、子どもの音楽表現面になんらかの育ちがあったかどうかということである。

　この評価では、個々の活動の出来映えではなく、音楽的活動を通して子どもが表現への意欲を獲得し、自分らしい表現ができたことに対する満足感を味わい、創造性の芽生えがはぐくまれたかどうかという点で行われる。

　保育所はこれらの保育士等の自己評価の結果を踏まえ、保育所における音楽的活動について自己評価をして、音楽的活動に関する保育の質の向上を図るのである。

【参考文献】

民秋言編『保育原理』萌文書林、2008年

岸井勇雄ほか監修『保育内容総論』同文書院、2009年

森上史朗ほか編『幼児教育課程・保育計画総論』建帛社、2007年

小田豊ほか編『教育課程総論』北大路書房、2005年

石垣恵美子ほか編著『新版幼児教育課程論入門』建帛社、2003年

4歳児カリキュラム研究グループ『4歳児の保育カリキュラム』チャイルド本社、2006年

第 12 章

いろいろな幼児音楽指導

今村 方子

世界には現代の教育界に影響を与えた音楽教育の方法がいくつかある。ここでは特に、主要な3つの教育方法について、その理念、目的、ねらい、教育の方法、幼児の保育や教育に活用される観点等について述べておきたい。

第1節　リトミック

1　創始

　リトミックは、スイスの作曲家、音楽教育家であるエミール・ジャック＝ダルクローズ（Jaques=Dalcroze, E. 1865～1950）が創案した教育方法である。身体運動を用いて、神経組織と筋肉の相互作用の調和や頭脳からの指令を素早く正確に演行する身体をつくり、気質と意志、衝動と思考との調和を目指す。そのことにより、音楽的知識を音楽的理解に変え、それを用いて音楽創造する力量を教育することを目標とし、音楽を感じ（fell）、聴き、創り出す力、音楽を知覚し想像し（sense and imagine）、関係づけ、記憶する力、音楽を読み書きし、演奏し、解釈する能力の養成を図ろうとした教育方法である。教育内容は、リズム運動・ソルフェージュ・即興演奏の3つの柱から構成されている。「内的聴取力（inner hearing）」を誘発し発達させる手段として、音楽を聴くことと身体的反応、歌うことと身体的反応、読譜・記譜と身体的反応を連結させるテクニックの発展をうながし、楽器の助けなしに、思考・記譜・読譜などによって音楽の感動や印象を呼び起こす能力を育成をする。ジャック＝ダルクローズは、そうすれば、人間の身体が自身の内的感情を転換する楽器となると考えてリトミックを創案した。

2　日本におけるリトミック教育受容の過程

日本におけるリトミック教育の受容の過程は以下のとおりである。
① 演劇・舞踊ための身体表現の基礎的な練習方法としての導入の時期（1915～1920）
② 俳優養成、体操教育、および幼児の全面発達をうながす幼児教育（小林宗作）としての実践普及の時期（1920～1930）
③ 戦争による停滞の時期（1940～1950）
④ 戦後再開と、音楽教育の分野に音楽的基礎学習（板野平）として位置づけられ、普及・発展を遂げる時期（1950～1975）
⑤ 義務教育への進出と各種研究会の設立・発足の時期（1975～現在）

特記しておきたいことであるが、群馬県吾妻郡生まれの小林宗作（1893～1963）は、リトミック教育法を幼児教育に初めて導入した。彼は1925年、東京成城学園、玉川学園児童を対象に、幼児の全面発達をうながす幼児教育法「綜合リズム教育」を創始した。そして1930年、日本ダルクローズ会（Une Societe Dalcroze se forme au Japon）を結成した。彼は、スイスの音楽家ジャック＝ダルクローズが作り上げたリトミックを、日本で最初に幼児教育に導入・普及させた教育家である。1923年渡仏し、ジャック＝ダルクローズに師事してリトミックを学んでいる。帰国後、成城幼稚園主事となり、幼児にリトミックを指導した。「日本リトミック協会」を設立、わが国におけるリトミック教育の基礎を築いた。彼のリトミック授業の実際については、『窓際のトットちゃん』〔黒柳、1981〕に詳しい。

3　教育の目標

リトミックの教育目標は、音楽的知識を音楽的理解に変え、それを用いて音楽創造する力量を教育することである。私たちが音楽創造するプロセスは、**図1**に見られるように、音楽を知覚し、反応し、把握し、表現行動（作動）する音楽行動を繰り返し行う中で、音楽を感じ、聴き、

図1◆音楽活動の過程

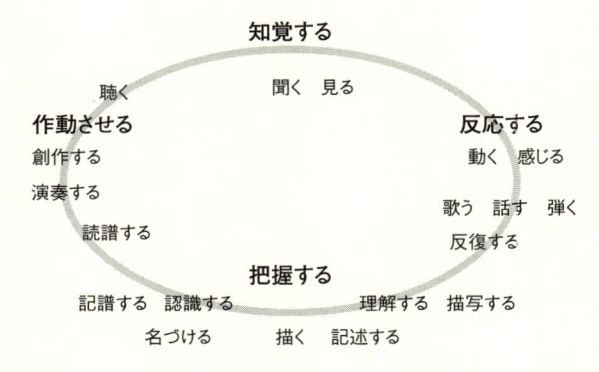

```
              知覚する
         聴く    聞く  見る
    作動させる              反応する
      創作する            動く  感じる
      演奏する
                         歌う  話す  弾く
         読譜する          反復する
              把握する
       記譜する  認識する   理解する  描写する
          名づける   描く  記述する
```

（出所：Mead, V. H.『ダルクローズ・アプローチによる子どものための音楽授業』ふくろう出版、2005年を基に作成）

作り出す力や、知覚し、想像し、関係づけ、記憶する力、読み書きし、演奏し、解釈する力を獲得していく、となる。

　ダルクローズは、このような音楽と人との関係に着目し、聞く力とそれを即座に演行する身体との密接な関係に気づき、そこを中核にしながら、神経組織と筋肉の相互作用の調和、頭脳からの指令を素早く正確に演行する身体、気質と意志、衝動と思考との調和を図る教育を試みた。そして、音楽に対する私たちの知覚反応行動から、それらを認識し理解（把握）することで、自主的・主体的に音楽創造する力が備わっていくことを実証し、それまでの技術偏重主義の音楽教育の壁を突破した。

4　内容・方法

　教育内容は、リズム運動、ソルフェージュ、即興演奏の3つの柱で構成されている。さまざまのリトミック・サブジェクトと呼ばれる音楽概念（緊張と弛緩、停止と続行、強弱・速度・音高・空間、基礎リズム、アクセントと拍子、リズムパターン、リズムフレーズ etc.）を学習内容としながら、以下のような3つの方法で展開される。

第1は、聞くことと身体的反応、歌うことと身体的反応、読譜・記譜と身体的反応（リズム運動、ソルフェージュ）。

　第2は、連結させるテクニックの発展・伸長。リトミックにいう「内的聴取力（inner hearing）」を誘発し発達させること。

　その経験の後、自身が楽器に、すなわち人間の身体が自身の内的感情を転換する楽器となる。

　以上をまとめてみると、第1段階は音楽に対する反応行動、第2段階は音楽行動とその意味を把握する力、すなわちイメージを形づくること、そして第3の段階として、獲得した技能や知識と自分のイメージを総動員して、自分が音楽創造者となり身体表現する道筋に至るといえる。

　子どもたちの活動としてとらえてみると、音楽反応、音楽模倣、音楽表現、音楽創造という段階で音楽活動がしくまれていることに気づく。私たちが新しい音楽に出会い、自分で表現できるようになっていく過程と同様の体験でもある。

5　幼児教育におけるリトミック教育

　幼児教育におけるリトミック教育の意義は、なんといっても身体運動を用いる教育の方法である。子どもたちとともに過ごす生活を振り返れば、私たちが歌を歌ったり、空き缶や手作り楽器を鳴らしたり、ピアノを弾いたりすると、いつの間にか、そばで手拍子したり走り出したりしている子どもたちがいる。子どもたちの音楽表現活動は身体表現活動であると言っても過言ではない。聴覚と一体となった身体反応（筋肉反応）を中心として音楽との調和を図り、そこから生じる快感が表現への意欲を生み、それがさらに音楽への理解と創造的表現の道を開くリトミックの活動は、幼児期の音楽表現活動の中心であるといってもよい。子どもたちの身体は、ジャック＝ダルクローズの言う「一つの楽器」である。

　また、リトミックの指導方法は、前項で述べたように、リズム運動、ソルフェージュ、即興演奏という構成を持ち、それは知覚・反応、認識・

理解、作動・演奏という子どもたちの表現の道筋に沿って展開されている。子どもたちが身体運動による音楽の直接的体験を通して、自然に音楽的表象（音楽的イメージ）を形づくり、それを基にしながら表現や演奏を無理なく楽しめるように展開されていく。スイスの発達心理学者であるピアジェ（Piaget, J. 1896～1980）の発達理論に啓発された彼の指導方法は、当時の音楽教育の方法としては極めて斬新であった。さらに、リトミックは教師による音楽的形式が明確にない即興演奏により展開される。活動の最初から音楽様式を押し付けない、子どもの自然な動きに寄り添った音楽の提供は、子どもたちが自然に音楽への「ノリ」を体得し、リズミカルな運動となるまで協働的関係の中で展開される。子どもたちの子どもたちによる音楽生成の過程を、共に歩んでいく試みとも考えられる。

　さらにまた、身体表現活動は、歌唱表現活動や器楽表現活動よりも、子どもたち同士が互いに感じていることや考えていることを動きとして見合うことができる利点があるため、互いの理解をいっそう高め、深めることができる力（コミュニケーション力を育成する力）を持っている。

第2節　コダーイ

1　創始

　「コダーイ・システム」は、ハンガリーの民俗学者、作曲家、民族音楽による音楽教育の創始者、コダーイ・ゾルターン（Zoltán, K. 1882～1967）による音楽教育の方法である。ハンガリーの文化発展のために創造されたものであり、コダーイの哲学思想である「世界人類の平和」「人権の尊重」に基づき、「音楽を通した美徳ある人間教育」「音楽はみんなのために」「文化の源泉に基づいて」を理念として創始している。コダー

イは、「もし一言で音楽教育の本質を言うならば、それは歌うこと……機械文明の時代において、行く末、私たちは機械化された人間になるだろう。それを守るのは唯一、歌う心である」と言っている。

　コダーイがハンガリー民族音楽に専心することになった起因は、まず第1に当時のハンガリーの社会体制と教育の現状による。1900年初期のハンガリーは、オーストリアとハンガリーの二重帝国時代にあり、農民の文化はハンガリーの都市社会や文化文明の陰となり、ハンガリー文化はドイツ化されていた。音楽アカデミーの教授はドイツ人が占め、公的用語はドイツ語であった。音楽理論の教材はウィーン古典派、ドイツロマン派の作品が主流となっていた。

　第2に、当時の教授との作曲に対する意見の対立があった。コダーイは、音楽作品のモチーフはハンガリー民族の精神を表すものであること、またそれが芸術作品の創造の基本となるものであると反論した。

　第3に、過去に出版された民謡曲集を調査・分析することにより、それらの多くは真のハンガリー精神が失われ、ゆがめられている偽民謡であることを明らかにし、純粋なハンガリー民謡を自ら採集したことにある。彼の作曲した音楽作品では、劇音楽『ハーリ・ヤーノシュ』がよく知られている。民族音楽の分野で長年にわたり膨大な数のハンガリー民謡を収集、分類して論文を執筆した。彼が作曲した作品にはハンガリー民謡が基調となったものが多い。国際音楽教育協会（ISME）において、1964年に会議議長も務めている。日本にもコダーイ芸術教育研究所がある。

2　教育の目的・内容・方法

　コダーイ・システムは、音楽上の母国語であるわらべ歌や民謡から出発した、歌うことを中心とする方法である。移動ド唱法によるソルフェージュ教育を徹底させ、その手段としてハンドサインや文字譜・リズム譜を用いる。「音楽はみんなのもの」という理想を実現し、ハンガリーで

は保育所から専門大学まで一貫した音楽教育が行われている。日本でも1969年以降、幼児教育の場に広まっている。

コダーイは、「音楽は人間の糧であり、5音音階は子どもたちが初めて口にする母乳に等しく、5音音階の音楽的母国語の習得によって西洋の長音階や短音階の習得が非常に容易になるが、その逆では5音音階を異様なものに感じるようになる」と言っている。そして子どもたちに「洗練された耳（聴取力）と洗練された頭（理解力）と洗練された心（音楽性）と洗練された手（演奏技能）とを備えさせること」を教育の目的としている。その背景には、幼児は母国語の民謡に親しみ、そのリズムやイントネーションを基に歌い、踊ることによって、自然にリズム感や音感が育っていくという考え方があり、子どもの内面を育て、人間形成を図ろうとした。民謡を重視した点ではオルフ（Orff, C. 1895～1982）に似ているが、歌うことによるソルフェージュの訓練に重点を置いている。親友バルトーク（Bartók, B. V. J. 1881～1945）と共に、新しいハンガリーの国民音楽を創作し、子どものためのピアノ曲集『ミクロコスモス』も作曲している。

3　幼児音楽指導にとっての意義

コダーイ・システムの幼児指導にとっての意義は、なんといっても音楽上の母国語であるわらべ歌や民謡を子どもたちの主要な音楽教材とみなし、そこから出発した歌うことを中心とする方法を確立したことである。幼児は幼い時から母国語によるマザーリング（母親による呼びかけ）の中で育ち、その過程の中でその後の旋律感形成の基礎・基本となるモチーフを獲得していく。それが言語発達のレベルとともに、特定の旋律様式の獲得へと発達していく。幼児の育ちの中心にある母国語とそのイントネーションが、旋律感獲得の重要なポイントであることは、現在では周知のことである。

第3節　オルフ

1　創始

　オルフは、ドイツの作曲家、音楽教育家である。1924年、ギュンター（Günther, D. 生年不明）と共に体操・舞踊・音楽学校（ギュンター・シューレ）を設立し、身体の動きと音楽の結合を試みた。オルフ音楽の特徴は、原始主義への憧憬であり、リズムを重視し、構成を単純化したところにある。そしてシュールベルクと呼ばれる多くの教育用作品や、オルフ楽器を創出した。創造性の育成を目指した彼の理念は、音楽教育のみならず幼児教育にも多大な影響を与えている。

2　教育の目的・内容・方法

　オルフは、「すべての子どもたちが音楽すること、つまり音楽が得意な子どもたちも不得意な子どもたちも等しく音楽すること」、子どもたちは既成の音楽素材に依存した音楽実践をするのではなく、人間の最も根源的な音楽実践、つまり身体の動きや踊りや言語と直結した音楽を自ら作り、歌い、奏すべきである、と主張した。「個体発生はその発達過程の中に、その種族が経てきた発達段階（系統発生）を繰り返す」という原則に沿った教育方法である。

　これは「音楽・言葉・動き」の一体化を基本的な概念として提唱した音楽教育の方法であり、わらべ歌を唱えることから始まり、リズム打ちの模倣や、オスティナート手法（一定の音型を何度も繰り返すこと）による合奏などを通して、即興表現を養いながら音楽的な能力を高めていく。

　理念的には、コダーイと共通する要素が多いが、合奏を重視する点が特徴的で、身体を楽器にする考え方や、音盤の取り外しができるオルフ

楽器は、世界各地の音楽教育に影響を与えた。

1948年バイエルン放送局がギュンター学校における音楽教育の試みとして放送の教材集として出版したものが、全5巻から成る『オルフ教育作品（Orff-Schulwerk）』である。これは音楽教育におけるオルフ・システムの根幹であり、彼の理念が具体化されている。日本では第3巻まで訳され出版されている。

オルフ楽器（出所：〔W・ケラーほか、1971〕）

また、実践のための楽器として、子どもの聴感覚に優しいオルフ楽器群として、グロッケンシュピール、メタフォーン、シロフォン、小ティンパニ、タンバリン、カスタネットなどの打楽器群や、リコーダー、リュート、ヴィオラ・ダ・ガンバ等を創作または使用している。1962年に来日し、「音楽は母国語から出発する」という理念から、オルフ・システム紹介した。

彼の、三部作舞台形式作品『カルミナ・ブラーナ』『カトゥリ・カルミナ』『アフロディーテの勝利』は、極めて基本的な音楽と人間の動きの原始的な形式であり、歌や輪唱・合唱と、踊りとに重きが置かれ、原始主義への慎重な回帰が含まれていると言われている。

3　幼児音楽指導にとっての意義

わらべ歌を唱えることから始まり、リズム打ちの模倣や、オスティナート手法による合奏などを通して、「音楽・言葉・動き」の一体化を基本的な概念として提唱し、即興表現を養いながら、音楽的な能力を高めていくオルフ教育の方法は、幼児が音楽的能力を獲得していく過程にかなっており、その妥当性は今日では定評がある。また、音盤の取り外しができるオルフ楽器は、幼児たちが自然な遊びの展開の中で、身体表

現から楽器表現に展開できることから、世界各地の音楽教育に影響を与えている。

【参考文献】

黒柳徹子『窓際のトットちゃん』講談社、1981年

V・H・ミード／神原雅之ほか訳『ダルクローズ・アプローチによる子どものための音楽授業』ふくろう出版、2005年

チョクシーほか／板野和彦訳『音楽教育メソードの比較』全音楽譜出版社、1994年

エミール・ジャック＝ダルクローズ／山本昌男訳『リズムと音楽と教育』全音楽譜出版社、2003年

福嶋省吾「我が国におけるリトミック教育の歴史的経緯と研究の動向」『ダルクローズ音楽教育研究』第23号、ダルクローズ音楽教育学会、1998年

森上史郎ほか編『保育用語辞典』ミネルヴァ書房、2000年

吉富功修編『音楽科重要用語300の基礎知識』明治図書、2001年

日本音楽教育学会編『音楽教育学研究1』音楽之友社、2000年

W・ケラーほか／橋本清司訳『子どものための音楽解説』音楽之友社、1971年

第13章 保育者に必要な音楽的能力

森 薫

庄司 洋江

本章は、保育者が知っておくことが望ましい基本的な音楽理論・用語についてまとめたものである。応用的な事項については、巻末の資料編に示した。
　子どもたちと音楽活動を行う場合、理論・用語は直接の保育内容とはならない。しかし、保育者が音楽理論を身につけていることで、子どもたちと行う音楽活動の展開をさまざまに広げていけるだろう。

第1節　楽譜上のいろいろな記号

1　音部記号

　音部記号とは、楽譜上の音符がどの高さを表しているのかを示すために用いる記号のことである。ここではト音記号とヘ音記号を扱う。

(1) ト音記号
　ソ（ト）の位置を示す記号。書き出しの位置は第2線（下から2番目の線）。

第2線から書き始める
ド

(2) ヘ音記号

　ファ（ヘ）の位置を示す記号。書き出しの位置は第4線（下から4番目の線）。

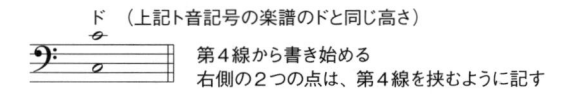

ド　（上記ト音記号の楽譜のドと同じ高さ）
第4線から書き始める
右側の2つの点は、第4線を挟むように記す

2 階名と音名

※「ド」に当たるのが、「イロハニホヘト」の「ハ」であることに注意。

階名	ド	レ	ミ	ファ	ソ	ラ	シ	ド
音名(日)	ハ	ニ	ホ	ヘ	ト	イ	ロ	ハ
音名(英)	C	D	E	F	G	A	B	C

3 変化記号

(1) シャープとフラット、ナチュラル

変化記号とは、ある音を高くまたは低く変化させる記号である。主に使われるのは次のものである。

♯ (シャープ・嬰)……半音高くする記号

♭ (フラット・変)……半音低くする記号

♮ (ナチュラル)………♯や♭などの効力をなくし、元に戻す記号

(2) 調号と臨時記号

変化記号には、調号と臨時記号がある。

調号とは、その曲の調の音階に必要な変化記号を、音部記号の右隣にまとめて示したものである。各調の調号については、資料編（p 248）に示す。

臨時記号とは、一時的に音を変化させる場合に、その都度音符の左側に記すものである。臨時記号は、一小節の間、同じ高さの同じ音名に限って有効であり、次の小節以降では元の音に戻る。

ア　左側に臨時記号の♯がついているので、「ファ」を半音上げる。
イ　同一小節で同じ高さにある「ファ」なので、半音上げる。
ウ　同一小節内の「ファ」であるが、高さが違うため、音を変化させない。このような場合には、音符の左側に♮を記すことも多い。
エ　次の小節なので臨時記号は効力を失う。したがって、音を変化させない。

4　小節と反復記号

(1) 小節と小節線

拍子（第2節2参照）をわかりやすくするために、楽譜の五線に縦線を引く。縦線で区切られた部分を小節といい、この縦線を小節線という。小節線には3種類ある。

ア　縦線（小節線）：小節の区切りを示す。細い1本線。
イ　複縦線：拍子や調、速度等が楽曲の途中で大きく変化する際に、その変わり目を示す。細い2本線。
ウ　終止線（終止記号）：楽曲の終わりを示す。細い線1本と太い線1本の、計2本から成る線。

(2) 反復記号

反復記号とは、楽曲の一部または全部を反復する場合に用いるものであり、楽譜上で𝄆 𝄇を用いて表す。

ア :‖: イ　　ウ :‖ エ　　　演奏順…アイウイウエ

　　　ア　　イ　　ウ　　エ :‖　　　演奏順…アイウエアイウエ

　　　ア　　イ :‖: ウ　　エ :‖　　　演奏順…アイアイウエウエ

この記号に挟まれた部分を2回演奏する。
そのほかにも、次のような反復に関する記号がある。
①反復記号とカッコを組み合わせる方法
　楽曲の一部が反復され、その終わりの部分のみが異なるという場合には、カッコと番号を示す数字を反復記号に組み合わせて用いる。

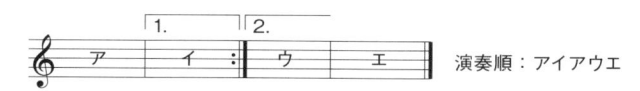

　　　　　　1.　　 2.
　　　ア　　イ :‖ ウ　　エ　　　演奏順：アイアウエ

②D.C.とFineを用いる方法
　D.C.は、da capo（ダ・カーポ〔伊〕）の略で、日本語では「初めから」の意である。これが記されていたら、楽曲の初めに戻って演奏し、Fine（フィーネ〔伊〕。"終わり"の意）と書かれた箇所で終わる。

　　　ア　　イ　　ウ　　エ　　オ　　　演奏順：アイウエオアイウ
　　　　　　　　　Fine　　　　　D.C.

③D.S.とFineを用いる方法
　D.S.は、dal segno（ダル・セーニョ〔伊〕）の略で、日本語では「記号から」の意である。これが記されていたら、楽曲中のセーニョ記号 𝄋 のところまで戻って演奏し、Fineの書かれた箇所で終わる。

　　　　　　𝄋
　　　ア　　イ　　ウ　　エ　　　演奏順：アイウエイウ
　　　　　　　　　　　　Fine　D.S.

④コーダ記号（$\oplus$，Coda）が記されている場合

　D.C. や D.S. で、曲頭まで戻り、反復して演奏している際に、コーダ記号（$\oplus$）が記されている場合には、そこから、Coda もしくは$\oplus$と記されているところまで飛ぶ。

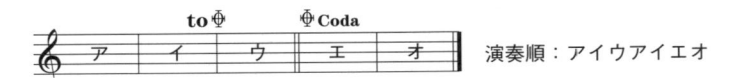

演奏順：アイウアイエオ

第2節　リズム〈音価と拍子〉

1　音価（音符や休符の長さ）

(1) 単純音符・単純休符

音符		長さの比率（♩＝1）	休符	
形	名前		形	名前
o	全音符	4		全休符
♩	2分音符	2		2分休符
♩	4分音符	1		4分休符
♪	8分音符	$\frac{1}{2}$ (0.5)		8分休符
♬	16分音符	$\frac{1}{4}$ (0.25)		16分休符

※4分音符を基準として、各音符・各休符の長さを覚えておくとよい。

※音符・休符の名称は、全音符を基準に付けられている。

(2) 付点音符・付点休符

(1) で示した単純音符や単純休符の右側に点を付けると、付けられた音符・休符の2分の1の長さを表すこととなる。これを付点という。

例）付点2分音符の場合

同様にして付点4分音符の長さは1.5、付点8分休符の長さは0.75となる。

$$\text{♩.}$$ 二部音符の長さは2である。
よって、付けられた付点は、その2分の1、すなわち1を表す。
全体では、2+1=3の長さとなる

(3) 連符

単純音符で表せない長さを、連符を使って表すこともある。多く用いられるのは次の3連符である。

$$\underbrace{♫♪}_{3} = ♩$$

上の3連符の1つの長さは、4分音符の3分の1となる。

(4) タイ

同じ高さの音が複数並んでいるとき、それらをつないで弾き直さずに演奏することをタイ（英語で tie、結ぶの意）という。楽譜上では、音符と音符を弧線でつないで示す。

2 拍子

(1) 拍と拍子

多くの楽曲には、一定に刻まれる「拍」があり、それに乗ってリズムが作られている。

いくつかの拍をまとめて周期にし、楽曲の秩序を整える働きをする

のが、拍子である。例えば次のように、1周期の拍の数が4である場合、その楽曲は4拍子ということになる。

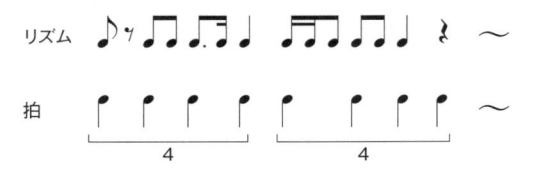

(2) 拍子記号

拍子を表すのに用いるのが、拍子記号である。楽譜の冒頭に分数の形で示す。楽曲の途中で拍子が変わる場合には、その都度指示する。

　例）4分の3拍子

　　　←拍子。1小節の中に入る拍の数
　　　←拍の単位となる音符の名前（この場合四分音符）

つまり、4分の3拍子の場合は、1小節の中に4分音符が3つ入る、ということになる。

よく用いられる拍子として、ほかに4分の4拍子、4分の3拍子、2分の2拍子などがある。次のものは分数の形ではなく、記号で示すことも多い。

　　4分の4拍子　　2分の2拍子

第3節　旋律〈音程、音階、調〉

1　音程

音と音との高さの隔たりを、音程という。

(1) 半音と全音

ピアノの鍵盤上で、隣り合った音同士の関係を半音という。また、その2倍の関係を全音という。

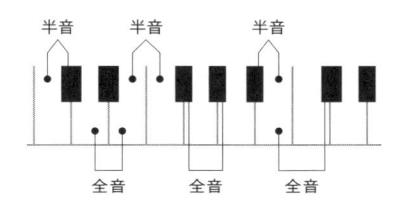

(2) 3度の音程と5度の音程

①3度の音程

3度には、長3度と短3度がある。

・長3度…全音2つから成る音程。

・短3度…全音1つと半音1つから成る音程。

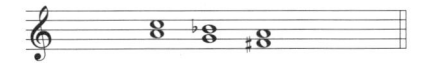

②5度の音程

5度には、完全5度と増5度、減5度がある。

・完全5度……全音3つと半音1つから成る音程。

・増5度…全音4つから成る音程。

・減5度…全音2つと半音2つから成る音程。

2 音階

ある音と、1オクターブ上の同じ音との間の音の配列を、音階という。今日親しまれている音楽は、そのほとんどが、全音階的音階（長音階・短音階）を用いて作られたものである。

(1) 長音階

例）ハの音を主とし、この音から始まる長音階→ハ長調

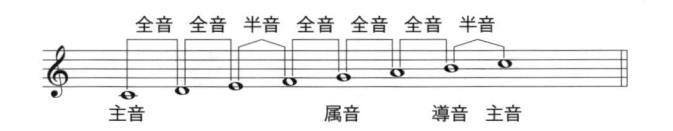

主音…その音階の起点であり、中心となる最も重要な音。
導音…音階の7番目の音。次に主音に進もうとする性格を持つ。
属音…音階の5番目の音で、主音の完全5度上方にある。主音を、主音たらしめる働きを持つ。

長音階の各音間は、全・全・半・全・全・全・半となっている。

(2) 短音階

短音階には、自然短音階、和声短音階、旋律短音階の3種があるが、ここでは、和音等について考える際に用いられる和声短音階について述べる。その他の短音階については巻末の資料編に示す（p247）。

例）ハの音から始まる短音階→ハ短調

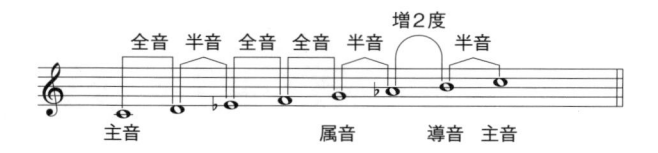

※増2度＝全音1つと半音1つ。鍵盤上で、2つの鍵盤を隔てた音程。

第4節　和音〈和音記号、コードネーム、和音〉

　高さの異なる2つ以上の音が同時に響くとき、合わさった音を和音という。多く用いられるのは、3つまたは4つの音を合わせた和音である。和音の表し方には、大きく分けて2つの方法（和音記号・コードネーム）がある。

1　和音記号

　ある調の音階を構成している音の上に、その音階の音を3度の音程で重ねていくことで、三和音ができる。三和音を構成する音を、下から根音、第3音、第5音と呼ぶ。
　例）ハ長調の場合

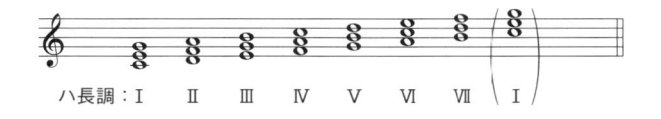

（譜例：ハ長調： I　II　III　IV　V　VI　VII　I）

　上の譜例のように、根音が、音階中の1番目の音である場合、その和音は、Iと示される（「1度」と読む）。このようにして大文字のローマ数字で表すのが和音記号である。各調の音階が基準となって和音記号が決まるため、同じIであっても、調によって構成音が異なる（ハ長調のIとト短調のIは別の和音であるので、注意が必要である）。
　I、IV、Vは、主要三和音と言われ、特に多く用いられる。

2　コードネーム

　ポップスなどでは、コードネームを用いて和音を示すことが多い。通常、旋律が書かれた楽譜の上部に、アルファベットや数字の組み合わせで示す。ここでは、根音がド（Cの音）のコードを示す。

```
  C              Cm           C7           Cm7
（シー、シーメジャー） （シーマイナー） （シーセブン） （シーマイナーセブン）
```

　　短3度　　　　短3度　　　　短3度　　　　短3度
　　長3度　　　　短3度　　　　長3度　　　　短3度

第5節　音楽的表現力

1　音楽的表現力とは

　表現は、私たちが生活する中で意識しないまま日常的に繰り返されている。褒めること、しかること、頭をなでること、抱き上げること、絵本を読むこと、ピアノを弾きながら歌うこと、机を移動すること、テーブルをふくこと、壁面飾りを作ることなど、毎日の行為そのものが表現といえる。子どもは、これらの活動がどのように心をこめてなされるべきものかを、表現する保育者の態度から感じ取り学んでいく。

　保育者は子どもの表現のモデルといえる。したがって保育者は、常にモデルとなるよう自分の表現に責任を持ち、日ごろから言葉遣いをはじめ、立ち居振る舞いなどに注意を払い、自己の表現の向上に努めなければならない。

　では、音楽的表現力はどのように培われるのだろう。特に音楽表現に関しては、専門的な技量や技術を要する。そして人間の内面的な心と身体を通して感じるという世界である。一夜にして成るものではない。しかも、頭で理解したり暗記して覚えるといったものでもない。聴覚を通しただけでも足りない。一流と言われるものを見たり、聞いたり、触れたり、表現を高めていこうとする意思を持ち、それに向かって努力する必要がある。

つまり、実際に良い音を繰り返し聞き、音楽に反応できる身体を作り、動くことによって音楽を感じ取ることである。身体全体を通して音楽に反応するという機会が与えられると、より音楽的表現力が増す。歌う行為、楽器を奏でる行為、聞く行為、作る行為といった音楽表現としての行為は、すべて身体を通してなされるものである。

　したがって、音楽的刺激を五感で受け止め、頭脳で知覚したものを神経組織を通じて反応し、一瞬にして音を表現する反応過程の訓練、つまり音楽反応訓練が一つの音楽表現教育となる。そして、心と身体が解放され、柔軟なものになったとき、保育者は子どもの表現を受け入れる広い度量も得られるのではないだろうか。

2　音楽的表現を磨く

　日ごろ音楽活動を行っている、または経験してきた者は、保育者として子どもの前に立つ際、その力を発揮できる場面が必ずあるだろう。知らず知らずのうちに音を意識し、音楽を意識し、音楽を愛好してきたことは、表現活動を支える際生きてくるはずである。自身の音楽的経験を生かしながら、さらに音楽的表現を磨いていってほしい。ここでは、歌唱表現と器楽表現について述べる。

(1) 歌唱表現：言葉を磨く

　子どもを取り巻くさまざまな文化財の中で、言葉を使わないものは皆無に等しい。絵本の読み聞かせも紙芝居も人形劇も、言葉を通して子どもたちに伝えている。また、言葉を通して表現する文化活動として、演劇や朗読、義太夫、謡曲、詩吟、民謡と数々ある。アナウンサーやニュースキャスターの報道や天気予報のお知らせ、コマーシャルでの言葉の伝え方もさまざまである。

　保育者は子どもとの生活の中で、言葉を使って何通りもの役を演じなければならない。私たちの周りのメディアを活用して言葉を専門として

いる人の様子を見たり耳にしたりして、意識的に、話す人を盗み見て学ぶことも言葉の磨き方の一つである。

　また、絵本の読み方と紙芝居の読み方では、違いがある。幼児教育の専門家を志す者は、幾つもの文化財と対面し、技術を磨く訓練が必要である。言葉をただ単に発するのではなく、それらの表現方法を学ぶことが必要である。技術としての表現を磨くことだけではなく、言葉の意味を深く知ることも大切である。

　ときに、歌詞だけを取り出し、言葉が持つ力を解き放つよう自由奔放に読んでみよう。歌詞を朗読するというか、歌詞で語ってみる、歌詞を歌ってみよう。作曲された歌はすでに旋律化され、作曲家のイメージで出来上がっているので、それを外して読んでみよう。その結果、詩の持っている音律や意味がとらえられ、歌詞の息吹が感じられやすい。言葉の表現が増して聞こえてくるはずである。

　これら、言葉を磨くことが歌唱表現を豊かなものにすることにつながる。言葉の往来や文化的な所産に目を向け耳を傾け、言葉の表現を磨き、言葉の流れをスムーズに運ばせるといった学習の必要性を感じる。

(2) 歌唱表現：歌を磨く

　言葉を磨いただけでは歌う能力は高まらない。歌う能力を身につけるためには、まず自分自身で歌うことである。保育者として身につけなければならない歌唱能力は、機器を通さず生の声で幼児に伝える力である。

　保育者が保育の専門家として歌って表現する場面は、日常的に子どもに歌いかける場面であり、大人数を対象にして歌うことは少ない。そういった場面を想定し、子どもの耳に快く聞こえる歌声とは、どんなものであろう。

　それは、程よい声量と、正しい音程、リズムや言葉を生かした歌い方、さらに曲趣に合った表情で歌えることである。機器を通さない生の歌声はもちろん大切であるが、声よりも、むしろ保育者の表情が大切なもの

といえる。保育者は顔の表情筋を鏡の前で動かし鍛え、目の前の相手にどのように表情が見て取られているのかを確認したい。

　そして幾分ゆっくりめに歌う方が子どもに届きやすい。腹部の筋肉を意識しながら、顔の表情にも意識を向けたい。

(3) 器楽表現を磨く

　吹奏楽部に所属していた者は、練習を振り返ってみよう。最初は音が出るまで楽器を吹き続け、唇の当て方を変えてみたり、息の出し方を調整してみたり、穴のふさぎ方を工夫してみたり、一音を出すという行為であっても試行錯誤を繰り返したはずである。そのとき周りにいた教師や先輩・友人は、アドバイスをしてくれたり、ただ黙って見守ってくれたり、付かず離れずの場所で時間や空間を共有していてくれたに違いない。そしてその支えを糧にし、音を出すための努力をし、その結果、音への愛着が増し、さらによい音を出そうとする意思が働いたであろう。そういった追求心や、表現しようとすることへのこだわりは、保育者の姿として好ましい。

　また、ピアノやオルガンなどの鍵盤楽器での表現においても、先へ先へ、または深く深くとこだわって表現を向上させるための努力をすることは、保育の質を高める。既存の曲を正く弾けるように努めることはもちろんであるが、ときには楽譜を準備せず、鍵盤楽器を自由に弾いてみることを勧めたい。

　さらに「象が歩くときの音」「風がさやさや吹いているときの音」などを弾いて表現してみる、楽譜に書かれた調性でなくさまざまな調性で弾いてみる、左手の伴奏の形を変化させてみる、などといった試みが、保育者としては必要と思われる。それが子どもの表現を広げるきっかけとなる。自分自身が経験してきた音楽活動に自信を持ち、もう一度振り返り、子どもの音楽表現の援助はどのようであったらよいのかも考えたい。

【参考文献】

菊本哲也『新しい音楽通論』全音楽譜出版社、1975年

石桁真礼生ほか『楽典　理論と実習』音楽之友社、1965年

石岡譲ほか『和声　理論と実習』（Ⅰ～Ⅲ）音楽之友社、1964年

幼児と音楽教育研究会編『幼児と音楽教育』大空社、1991年

黒川建一ほか編『保育内容表現』（保育講座第10巻）ミネルヴァ書房、2003年

谷田貝公昭監修『音楽』（保育内容シリーズ5）一藝社、2006年

板野平『音楽反応の指導法』国立音楽大学出版部、1973年

第14章 声楽の基礎

三小田 美稲子

「歌うこと」は最も直接的な表現活動であると同時に、身近な芸術である。わき上がる感情があり、それを表出したい欲求が「歌うこと」のきっかけであるが、歌うためには技術が必要であり、それが発声法である。こういった意味で、発声法は単なる技術ではなく、創造性には不可欠なものである。そこで、この章では豊かな表現のための発声法について説明し、その発声法を使って感情や思いを表現するための表現方法について述べる。

第1節　発声法とは

1　発声法の重要性

　発声法はあくまでも表現豊かな歌を歌うために必要なものである。まず、歌いたい欲求があり、その欲求に合った歌にするためのものであり、その逆ではない。幼児教育の現場では、歌うことがさまざまな場面で用いられている。幼児教育者が子どもたちと共に表現豊かに歌うために、発声法は身につけられるべきなのである。さらに幼児教育者に求められるのは、子どもたちに歌を教える際に、発声法についても指導できるようになるということである。幼児たちは、実に楽しそうに、元気よく歌ってくれる。保育者はそれに満足し、ときどき見逃してしまうのだが、中には、元気な声を出そうとするあまり、力んで歌っている子どもがいる。このような子どもは成長するにつれ、だんだん歌うことが苦痛になっていく。保育者は表現豊かな歌を子どもたちに聞かせることができ、また、適切な指導ができるように、正しい発声法を身につけるべきなのである。

2　発声のしくみ

　声が出るしくみは次のように説明できる（**図1**）。

肺に吸った息をのどから出す。のどの奥にある「声帯」に息を送り込むことによって、声帯が振動する。この振動によって起きた小さな音が、のど・口・鼻などに共鳴して「声」が生まれる。

　声帯はのどの奥にあり、「のどぼとけ」の位置にある。呼吸するとき声帯は開いたままになっているが、声を出すときは振動し、声帯はくっついた状態になる。歌い過ぎたりして声が出なくなるのは、声帯に結節

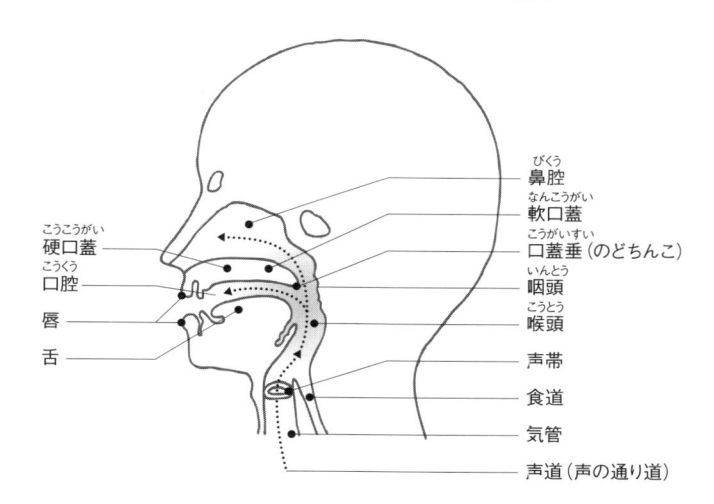

図1◆発生にかかわる共鳴腔の略図

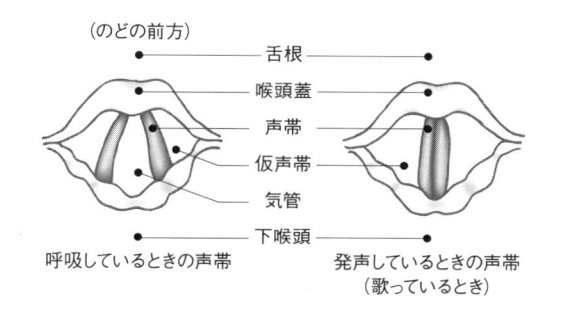

（出所：〔竹内、2009〕p46を基に作成）

第14章◆声楽の基礎

やポリープができたりして、声帯がくっつかなくなることから起きる現象なのである。しかし、一般的にイメージされているように声帯を合わせると振動するのではなく、声帯を近づけて空気を送り込むと自然に振動することによって、声が生まれるのである。

3　声帯と声の種類

　歌声はその高さと響きの違いから、男声も女声もだいたい３つに分けられている。高い方から、男声はテノール・バリトン・バスに分けられ、女声はソプラノ・メゾソプラノ・アルトに分けられる。その音域は図２に示すとおりであるが、この違いは声帯に由来している。

　いろいろな楽器を思い浮かべてほしい。リコーダーのソプラノとアルトを比べると、アルトリコーダーのほうが長くて太い。また、バイオリンとチェロを比べると、チェロのほうが長くて太い。このことから想像できるように、太めで長い声帯は低い声に向いているし、短めで細い声帯は高い声に向いているのである。

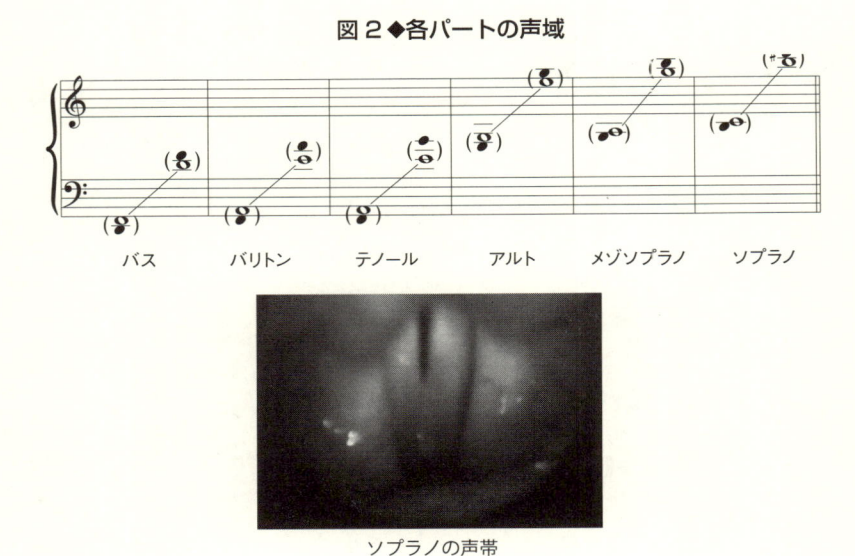

図２◆各パートの声域

バス　　バリトン　　テノール　　アルト　　メゾソプラノ　　ソプラノ

ソプラノの声帯

ただ、太めの声帯でもそれを伸ばすことによって高い声を出すことはできるので、長めの声帯はアルトにもソプラノにも、あるいはバスにもテノールにもなれるのである。しかし、短い声帯は高い声にしか向いていない。訓練すれば高い声は出せるが、低い声は出せないのである。

第2節　発声法の実際

1　姿勢

足は肩幅に開き、重心はつま先の方にあるのが良い。胸は高く保ち、背骨から首筋、さらに後頭部まで引き上げられている意識を持つ。腰は内側に曲げず、まっすぐに保つ。背中の下の方から胸の前上の方に向かって、ある想像上の力によって支えるという感覚も正しい姿勢を保つには有効である（**図3**）。

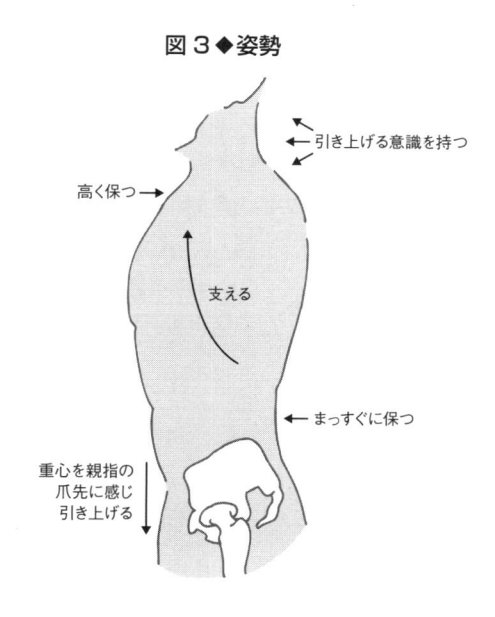

図3◆姿勢

← 引き上げる意識を持つ
高く保つ →
支える
← まっすぐに保つ
重心を親指の爪先に感じ引き上げる

この姿勢を保ったうえで、忘れてはならないのは力を抜くことである。しかし、これはだらりと脱力してしまうことを意味しているのではなく、どこか特定の場所に力が入って動かしにくいところがあったり、歌った後に凝り固まったりすることがないようにしなければならないということである。
　良い姿勢とは、力は抜けているが、全身は生き生きとした緊張感に満ちているものである。力を抜くためにはしっかり「支え」られていなければならず、ただ脱力すればよいということではない。この姿勢は、スポーツにおける良い姿勢と共通である。テニスをプレーしている場合を考えると、ボールがどこに来てもそちらに踏み出すことができ、しっかりとボールを打ち返すことができるように構えなければならない。これが、力が抜けていながらしっかりと支えができている姿勢である。

2　呼吸法

　歌う場合は腹式呼吸を用いる。腹式呼吸は、横になって眠っているときには自然に行っている。腹式呼吸がどういうものかを知るためには、横になってみるとよい。そうすると、呼吸する場合に胸ではなく、おなかが動くのがわかる。
　呼吸法について知るためには、われわれの呼吸のメカニズムを理解しておく必要がある（**図4**）。肺は、胸郭と横隔膜に覆われている。つまり、胸郭と横隔膜から成るドームの中にある。横隔膜が下がりドームが広がると、ドームの中の空気圧が下がる。そして、肺が膨れることによって息が肺に入ってくるのである。通常の呼吸では、すぐに横隔膜は元通りになり、肺が縮んで息が吐き出される。歌う場合は、すぐに息が吐き出されてしまわないように、横隔膜が上向きに動いて戻ろうとするのに対応して、それ相応の度合いで下方へ向かって抑えられなければならない。これが、歌う場合の呼吸法である。横隔膜を上に戻そうという力と下方へ保とうとする力の両方は、その交互作用を調整しながら使うこと

によって、声の出し方を統制することができる。

　この動きは、あくまでも自然に行われなければならない。息を長く続けるため、あるいは「支え」を安定させるためとして、側腹を外へ開いたまま固定させたり、横隔膜を持続的に収縮させたりすることは、自然な動きに反することである。

　呼吸法では、息の吐き方の方がより重要である。自然に正しく息を吐くことができれば、自然と息は肺に入ってくるものであり、それ以上の吸気は必要ではない。正しい「構え」と「支え」で息を吐くことができれば、吸気はおのずとできるものなのである。必要以上の吸気は「力み」につながることが多く、自然な発声にならないことが多い。息を長く保つためには、息をたくさん吸うことを意識するのではなく、正しい「構え」と「支え」で息を吐くことを意識すればよいのである。

〈呼吸の練習方法〉

　①下腹を勢いよく引っ込めながら、「スッ」と言いながら息を吐く。

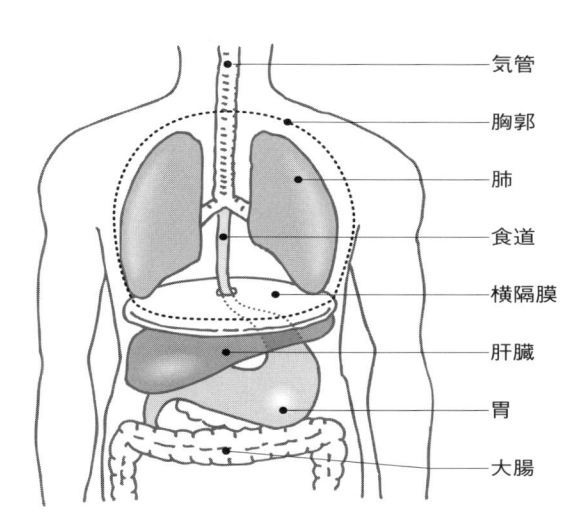

図4◆肺と横隔膜

気管
胸郭
肺
食道
横隔膜
肝臓
胃
大腸

（出所：〔荻野、2004〕を基に作成）

下腹の動きを意識できるようになるために、これを繰り返すが、肩は一緒に動かないようにする。
　②下腹を引っ込めながらなるべく長く「スー」と言いながら息を吐く。なるべく息を吐く時間を長くするためには、胸は高くしながら広げていく。上下前後すべての方向に息を吐くという意識を持つ。

3　のどの状態

　のどの上部（軟口蓋）は十分に引き上げられていなければならない。発声のしくみで説明したように、声帯の振動がのど・口・鼻に共鳴して声となる。そこで、できる限りのどを開けて、共鳴する空間を作りたい。これを声楽では「のどを開ける」と表現し、「支え」とともに重要な発声の基礎となる。「のどを開ける」状態をイメージさせるためにさまざまな言い回しが用いられるが、「あくびの状態を保つ」「花の香りをかぐ」「目の後ろを開ける」「額から糸を引くようにする」などが一般的であろう。のどを「あくびの状態」や「花の香りをかぐ」状態にすると同時に、背骨から首の後ろを引き上げることも行わなければならない。これは、しばしば「髪の毛を上から引っ張られている感じ」または、「頭を上から引っ張られている感じ」という言い回しで表現される。

　のどの上部（軟口蓋）を引き上げると同時に、のどを下げて広く保たなければならない。のどを下げることによって、のどを開けることができ、深く豊かな響きが保証されるのである。のどを下げるためには、横隔膜を下げ、「支え」を安定させなければならない。また、のどの上部（軟口蓋）は十分に引き上げられ、余計な力が抜けていなければならない。日本人は発声する際に、のどを高く保って高い声を出す傾向にあるので、のどを下げることを身につけることはたいへん重要である。のどが下がっているかどうかは、のどぼとけが下がっているかどうか、口が縦に開いているかどうかで判断することができる。

〈のどを開ける練習方法〉
　①のどの上部（軟口蓋）を引き上げる：あくびをしたり、驚く演技をしたりして、のどが引き上げられた状態を覚える。
　②のどを下げる：のどぼとけの位置を指で確認し、口を縦に開けて、のどぼとけが下がっていることを確認する。

4　口の開け方

　「大きく開けて歌いましょう」「しっかりと動かしましょう」という指導はたいへん危険であり、しばしば間違っていることがある。口を大きく開けることは力を入れることにつながり、響きを逃してしまうことが多い。開けなければならないのはのどであり、口を開けることによって、のどはむしろ絞まってしまうことが多い。また、口をしっかり動かすことによって、あごに力が入ることがある。口は大きく開けるのではなく、縦に開けることを意識しなければならない。縦に開けることは、前述したように、のどを下げることにつながる。しかし、もともと日本語はおなかから深く発音する言語ではないので、口を縦に開け、のどを開けることはかなり意識して練習しなければならない。

〈口を開ける練習方法〉
　①口を縦に開ける：人差し指と親指で口をつまんで、口を縦にしたまま発声練習をする
　②あごの力を抜く：下唇を下の歯の方に巻き込んで歌う
　　あごを下後方に引いて、動かない状態にして歌う

5　声区

　声には、声区と呼ばれる、音質の差異がある。それは「頭声区」「中声区」「胸声区」に分けられる。声区に関しては諸説があるが、**表1**は声区の響きのイメージと使用する身体の部位との関係をわかりやすく説明しているものである。

表1◆声区

	ひびきのイメージ	声区	体の部位
①	・一番知覚しにくい響き ・響いたときは呆然とした状態になる ・にわとりの声のイメージ	頭声	上頭部の響き
②	・比較的知覚しやすい ・美しい声の中心 ・ハミングなどで響きを感じて 　その位置を動かしてみる	中声	鼻腔部の響き
③	・自分にはよく聞こえる ・口先で簡単に変化させられるが、 　口の開き方で音色がかなり変わる		口腔部の響き
④	・自分には充実した響きが 　出ているように錯覚しやすい ・特にのどを緊張させると 　のどを詰めたような声になる		喉頭部の響き
⑤	・最低音域を出すときに利用する ・力強く豊かな響きの土台となる	胸声	胸部の響き

(出所:〔竹内、2009〕を基に作成)

歌う場合は、声区を意識しながらも、その境を感じさせないように歌わなければならない。しかし、正しい発声で歌えば、「頭声」「中声」「胸声」の区別を意識せずに歌うことができ、声区を意識して歌い方を変えるという方法は必ずしも有効ではないと考える。それは、輝かしい「頭声」を出すためには「胸声」を出すための筋肉が必要であるし、豊かな「胸声」を出すためには「頭声」を出すための支えや、構えがなされていなければならないからである。

6　幼児教育者にふさわしい発声

　幼児教育者にふさわしい発声とは、自然で歌詞を明確に聞き取ることのできる歌い方である。では、自然な発声とは何か。やはり、力みのない、豊かな響きを伴う、心地よい声が出せる状態であろう。それは、正しい姿勢と、しっかりした支えと、よく開いたのどによって作られるものである。しばしば、子どもを相手にするからと、浅くかわいらしい声

で歌っている幼児教育者を見かけることがあるが、これは間違っている。もちろん、表現として声音を変えることは効果的であるが、あくまでも自然で豊かな声は曲の魅力を一番引き出すものである。

　良い発声法を身につけることは、柔軟性と創造性を身につけることにつながる。このような理由から、よい発声は音楽的で表情豊かな歌を導くのである。

第3節　表現の工夫

1　表現とは

　発声法を身につけるのは、あくまでも「歌う」ためであり、自分の表現したい歌にすることを可能にするためである。人にとって「歌うこと」は、自分の感情や思いを表現する最も身近な手段の一つである。自分の思いや感情をそのまま表出することによっても満足することはできるが、それを表現として高めることができれば、より深い満足を得ることができる。適切な表現をするために必要なものが技術であり、声楽の場合は発声法なのである。

2　表現の工夫

　「歌うこと」は自分の感情や思いを表現することだと述べたが、それは必ずしも、自分のまさに今の感情を表現する場合だけとは限らない。人はある曲を歌い、その歌に含まれている感情や思いを理解しながら歌うことによって、自分の中の深い感情に気づき、それを表現することができるのである。そこで、歌おうとする曲に内在するものを理解し、それをどのように表現するのかを工夫することが重要となる。

　では、表現の工夫はどのように行えばよいのであろうか。それは、歌

詞を理解し、曲の特徴をつかむことから始まる。

　歌詞を理解することは、歌詞を読み込んで、そこに表現されている情景や感情や思いを理解することである。さらに踏み込んで、表に現れている情景からその奥に隠されている気持ちを読み取ったり、解釈したりすることが求められる場合もある。

　曲の特徴をつかむとは、作曲者が歌詞に含まれている情景や感情や思いを、どのように曲に表そうとしたのかを理解することである。そのためには、リズムの特徴やメロディの特徴をつかむこと、感情の変化とメロディとリズムの変化との関係を読み取ることが必要であり、それは歌ったり楽譜を読むことによって感じ取らなければならない。

　曲の特徴をつかみ、歌詞を理解したことを利用して、表現の工夫は行われる。表現の工夫は、強弱、速さ、そして歌詞の扱い（音色）の３点で行わなければならない。

(1) 強弱

　感情の起伏は、強弱を変えることによって表現できる。会話でも、強く主張したい場合は声が大きくなり、気持ちが高揚するとだんだん大きくなったりするが、そういった変化が歌う場合も起こるのである。曲の特徴や歌詞の内容に合い、曲の特徴や歌詞の理解からつかんだ、自分の表現したいことに合った強弱を工夫すべきである。

(2) 速さ

　曲全体の速さ（テンポ）は、曲がゆったりした静かなものであるのか、元気ではつらつとしたものなのか、という曲の感じや歌詞の内容から決められる。実際にどのくらいの速さにするのかは、各人の感じ方によって変わってくるので、歌いながらしっくりする速さを探さなければならない。また、一曲の中でも曲の感じや歌詞の雰囲気が変われば、速さを変えて表現を工夫しなければならない。強調したい言葉だけを少し長め

に歌う、強く主張したい歌詞をだんだん速く演奏して緊迫感を出す、曲の終わりに向かってだんだん遅くする、などいろいろな方法がある。

(3) 歌詞の扱い（音色）

　強弱や速さを変えることに加えて、音色を変えることや歌詞の言い方を変えることも、重要な表現の工夫の方法である。歌おうとする歌詞や感情に合わせて、音色や歌い方を変えるのである。悲しいという言葉や気持ちは暗い響きにする、楽しいという言葉や気持ちは明るい響きにする、優しい気持ちを表現する場合は柔らかく歌い、怒りや強く主張したい場合は激しく言葉を発音するなどと、さまざまに変えることができる。「青い」という言葉も、「青い空」という場合と「青い顔」という場合では、歌い方は変わってくるだろう。そこで、どんな音色でどんな発音の仕方で歌えば、自分のイメージとする表現に近づけることができるのか、工夫しなければならない。

3　指導上の留意点

　声楽の基礎を身につけることは、子どもたちと共に歌うことを楽しみ、必要とあれば発声に関する指導をすることのできる力となる。保育者が伸びやかな響きを伴った、表現豊かな歌を歌えば、それは子どもたちにとって最もすばらしい音楽体験となるだろう。

　幼児教育者が望むべきであるのは、大きな声ではなく伸びやかな声であるし、ただ元気な歌い方ではなく、表現豊かな歌でなければならないはずである。指導者は子どもたちにどのような歌を望み、どのような言葉を使えばそれを引き出すことができるのか、工夫すべきである。

　声楽の基礎を身につけるのは、表現豊かな歌を歌うためであった。そのためには、いろいろな種類の音楽にできるだけたくさん触れなければならない。

　さらに、歌詞に含まれる思いや情景を感じ取り、深い意味を理解する

ことのできる感性を磨くことを忘れてはならない。そのためには、たくさんの音楽に触れるだけでなく、文学・絵画その他の芸術にも触れ、人の感情の機微や人間の本質について深い理解を持つことが重要である。

【引用・参考文献】
　　竹内秀男『変声期と合唱指導のエッセンス』教育出版、2009年
　　萩野仁志ほか『発声のメカニズム』音楽之友社、2004年
　　フレデリック・フースラーほか／須永義雄ほか訳『うたうこと』音楽之友社、1987年

第15章

伴奏法の基礎

山本 陽子

伴奏が上手に弾けたらと誰もが思うが、子どもの様子を見ながら曲にふさわしい伴奏を上手に弾くことはなかなか難しい。伴奏譜がなくても自分で簡単に伴奏をつけて弾ける。ここではそんな実践的な方法を紹介する。

第1節　伴奏の基本

1　ピアノの難しさ

　ピアノを弾くことが難しい理由はいくつかあるが、その一つは、ピアノは鍵盤数が多く音域も広いため、左右の手をどのように使うか、またどの指を使うかが定まっていないことにある。
　リコーダーは押さえる指と穴の関係が一定で、その穴をふさぐか開けるかといった操作と息とで音を出し、音と運指とは一対一に対応している。ほかの楽器の多くも、いわゆるポジションが大きく離れることは少ない。ところが、ピアノは88鍵の鍵盤すべての音を1本の指で出すことができる反面、曲を弾くためにはその場に応じた適切な指使いや技術が必要で、これがうまくいかないと滑らかな演奏にはならない。
　また、ピアノの難しさのもう一つは、左手と右手が全く違う役割を担うことにもある。多くの楽器は同時に一つの音しか出せないため、メロディー、低音などを分担し、他の楽器と合わせて演奏することが多い。
　ピアノは、一人でメロディーと低音、和音などが弾ける楽器である。メロディー以外の音を同時に弾くには意識の分離作業が必要なので、難しいと感じる。初心者にとっては、左右の手を別々に動かすこと自体が難しいが、一人でいろいろできるという楽しみも大きい楽器である。

2　メロディーを弾くこと

　歌の伴奏をしようと思うとき、まずそのメロディーを弾く練習をすることを考える人が多い。右手でメロディーを弾く場合を考えてみよう。
　ごく平易な曲の場合、例えば『ちょうちょう』のように、鍵盤のドの音に右手の親指（1）を置いて、そのまま順にレ（2）、ミ（3）、ファ（4）、ソ（5）のポジションのまま最後まで弾き通せる曲（音域がド～ソ）では、初心者でも比較的簡単にメロディーを弾くことができる。

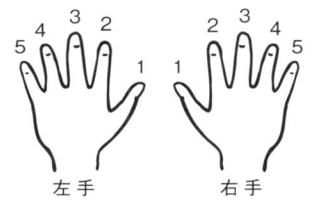

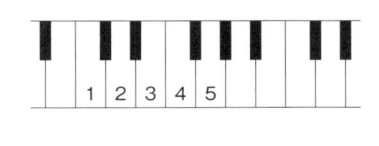

　しかし、『きらきらぼし』や『かえるの合唱』のように一見簡単な曲であっても、音域が1度広がってラの音が出てくると、運指に一工夫がいる。5本の指で、6つの音を弾くためにはより合理的な方法を考えなければならない。

『かえるの合唱』の運指例

　実際、伴奏が必要とされる曲の多くは、5度の音域に収まらない。1オクターブを超えるような音域の曲の場合は、そのメロディーをマスターするだけでもかなりの時間とエネルギーが必要である。運指は初心者にとって非常に重要で、先を見通した適切な指使いを考えることもピアノを弾くうえで大切なことである。

『アイアイ』（前半部）の運指例

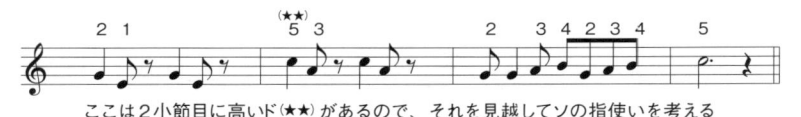

5の指から始めたいが、3小節目にラの音（★）が出てくるので

ここは2小節目に高いド（★★）があるので、それを見越してソの指使いを考える

　また音域が狭く、指使いが難しくなくても、リズムが複雑であったり、テンポが速い曲を正確に弾くことは難しい。メロディーはもちろん弾けるに越したことはないが、きちんとすべて弾けなくても、伴奏を楽しく上手に弾くことは可能である。

　伴奏ではメロディーの細かなことにはこだわらずに曲全体の雰囲気をとらえ、拍子感のある安定したテンポを大切にしたい。

3　伴奏の役割

　伴奏は、子どもたちが声をそろえて気持ちよく歌ったり、動いたりするためのものである。音楽の基本である拍を感じさせることで、その表現がバラバラにならないように、また子どもたちが安心して歌ったり表現したりするための支えの役割を持つ。その伴奏が、途中で止まってしまったり、速さが一定でなかったりすると、子どもたちの歌いたい気持ちを中断してしまったり、音楽の楽しさを壊してしまったりすることになる。

　また、指導者が自分の伴奏を弾くことに一所懸命で、子どもたちの様子を見ながら一緒に歌ったりできないと、楽しい音楽活動にならない。

　伴奏は、楽譜どおりに正確に弾くことよりも、その場の子どもたちがその伴奏でどれだけ気持ちよく表現し、喜びを共有できるかということの方がはるかに大切であることを心得ておきたい。

第 2 節　伴奏の工夫—その 1

1　メロディーに合う音を探す

　音には、きれいに響き合う音とぶつかる音がある。ジャズなどの演奏では、わざとぶつかる音を多用して、その表現に複雑な深みを持たせる方法をとるが、ここではごく基本的な考え方を説明する。

　メロディーに合う音を探すには、和音の考え方を用いる。和音は同時に 2 つ以上の音を弾くことであり、この 2 つ以上の音がよく響き合うように和音を選ぶことでメロディーに合う音が探せる。

　『アイアイ』の前半を例に説明する。この曲はハ長調。4 分の 4 拍子。ハ長調の基本になる和音は I 度（ドミソ）、IV 度（ファラド）、V 度（ソシレ）である。この 3 つの和音からメロディーに合ったものを探す。

```
    I              IV    V
 （ドミソ）      （ファラド）（ソシレ）
                        V7（ソシレファ）
```

　左ページの楽譜を見ながら、1 小節に 1 つ、メロディー音が含まれている和音を選んでいく。

　1 小節目は、（ソミ・・）のソとミが入っているので I 度（ドミソ）。
　2 小節目（ファレ・・）は、ファが IV 度（ファラド）、レが V 度（ソシレ）で、ファとレの両方が入っている和音はこの 3 つの中にはない。ここで困るが、V 度には 7 といって、もう一つ音を重ねた V 度 7（ソシレファ）という和音がある。ファの音を 7 の音と考えれば 2 小節目は V 度 7（ソシレファ）になる。

　3 小節目（ソソラソミドミ）は、ラの音以外は I 度（ドミソ）に入っ

ている。このラの音は8分音符で、すぐまたソの音に戻ってくるので、Ⅰ度（ドミソ）を選ぶ。

　4小節目は（ソーー・）なので、Ⅰ度（ドミソ）かⅤ度（ソシレ）が選べる。実際に音を出してみて自分の耳で好きな方を選べばよいが、ここでは和音に変化をつけ、次に続く感じをつけるためにⅤ度を選択する。

　5小節目はまた（ソミ・・）で、Ⅰ度（ドミソ）。

　6小節目（ドラ・・）は、初めて出てくるⅣ度（ファラド）がぴったり。

　7小節目（ソソラシソラシ）は、4拍の中でソが2拍分、ラが1拍分、シが1拍分で、ソとシはⅤ度（ソシレ）、ラは両方すぐシに行く経過音なので、ここはⅤ度（ソシレ）でよい。

　8小節目は、（ドーー・）はⅠ度（ドミソ）とⅣ度（ファラド）が考えられるが、この曲はハ長調で、ドの音が主音であるので、ここで一区切りの感じを出すためにⅠ度（ドミソ）を選択する。

　これで1〜8小節目までの和音は、ⅠⅤ$_7$ⅠⅤⅠⅣⅤⅠとなる。

　メロディーの音を見て、上記の3つの和音を付ける作業は、メロディーの動きが細かいと少し難しくなるが、大切な音を探して通常1小節に1つか2つ選択していくとよい。

2　低音を支える（指1本の伴奏：ベース）

　和音を付ける作業ができたら、ハ長調のⅠ度、Ⅳ度、Ⅴ度の和音の一番下の音（根音）で低音を弾いてみよう。ハ長調では、Ⅰ度の根音はドC、Ⅳ度はファF、Ⅴ度はソGの音である。この3つの根音を、前項で選んだⅠⅤ$_7$ⅠⅤⅠⅣⅤⅠの和音進行に従って、左手で弾く。

　根音は、ドソドソドファソドとなるので、4拍子の拍を数えながら、ヘ音記号の第2間のCド（ピアノの真ん中のドより1オクターブ下）から弾く。ゆっくり弾くときは、1拍ずつ（4分音符）あるいは2拍ずつ（2分音符）で同じ音を繰り返し弾いた方が、拍をとらえやすいだろう。

　低音（ベース）として弾く場合は、ヘ音記号第2間のCドよりさら

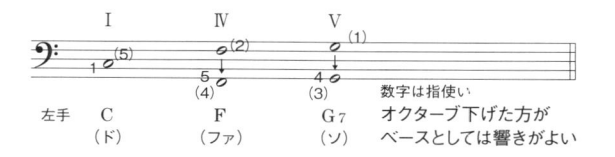

```
     I       IV      V
   (5)     (2)    (1)
            (4)    (3)   数字は指使い
左手  C       F     G7    オクターブ下げた方が
     (ド)   (ファ)  (ソ)   ベースとしては響きがよい
```

に下Fファ、Gソで弾くほうが、ベースの支えらしい響きがする。

拍に合わせてCド、Gソ、Cド、Fファなどの音が弾けるようになったら、左手で低音を弾きながら、『アイアイ』を歌う。もし、メロディーが右手で弾ければそれに合わせながら低音を弾いてみる。あるいは友達にメロディーを弾いてもらって合わせてもよい。

このように左手で低音を1音加えただけでも伴奏になる。左手が弾いているのは和音の根音1音だけであるのに、音楽の幅が大きく広がっていることに気づくだろう。

3 和音を使って

左手で低音の伴奏が弾けるようになったら、今度は右手で和音を弾いてみよう。和音は構成音が同じなら、配置は自由なので右手で弾く和音は弾きやすいように集めた形で弾く。

ハ長調の主和音Ⅰ度（ドミソ）を中心に、Ⅳ度（ドファラ）、Ⅴ度（シレソ）あるいはⅤ度7（シファソ）の形にすると弾きやすい。

指使いに注意して、この3つの和音を左手の低音と同時に重ねて弾くことができるようになれば、第2関門はクリアである。

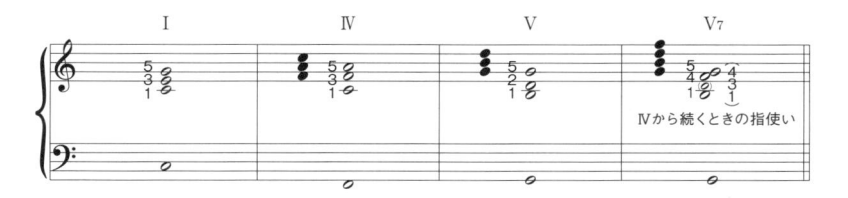

```
      I         IV         V         V7
                                          Ⅳから続くときの指使い
```

次は、左手で低音を延ばしている間に、右手は和音で4分音符、4拍のリズムを刻んだり、反対に右手の和音を延ばして左手でリズムをとっ

たりする練習をする。

　左右の手で低音と和音が弾けるようになったら、『アイアイ』の歌を口ずさみながら弾いてみよう。友達に歌ってもらったり、メロディーを弾いてもらったりすると、より楽しくできる。左手で低音を弾いただけより、さらに音が重なり、豊かな伴奏になっていることに気づくだろう。メロディーを弾くより、この和音を弾いた方が簡単だと感じる人が多いのではないだろうか。

　よく知られている歌や、子どもが音程・リズムをしっかり歌える曲では、このような伴奏の方法が有効で、メロディーを弾かずに、左手＝低音、右手＝和音のように弾いたほうが歌いやすい曲も多い。伴奏のリズム形をさまざま変化させれば、容易に、曲に合ったすてきな伴奏を工夫することができる。

第3節　コードネーム

1　コードネームの意味

　歌集などの楽譜にはCとかGなどのアルファベットが書かれていることが多い。このアルファベットを「コードネーム」という。このコードネームは和音を表すもので、クラシック以外の分野で広く使われているなど、伴奏にはたいへん便利なものである。この記号が書かれていれば、自分でメロディーに合う和音を探す手間が省ける。適切にコードネームが付けられた楽譜では、すてきなシャレた伴奏を弾くことができる。

　そこで初めにこのコードネームについて簡単に説明する。コードネームは英語を使う。CDEFGABCは英語の音名であると同時に、コードの名前（コードネーム）でもある。

　コードネームとして使われる場合は、前述のハ長調のⅠ度の和音がC、

Ⅳ度の和音がF、Ⅴ度の和音がGである。和音の一番下の根音に当たる音名がそのままコードネームとなる。このコードも和音同様、構成音が同じなら転回（音の積み重ね方）は自由である。

では、最初からコードネームの書かれている『アイアイ』の後半の楽譜を使っての伴奏付けの練習をしてみよう。方法は、第2節と同じであるが、コードネームが書かれているので「1 メロディーに合う音を探す」は省略し、低音を指1本で支える伴奏の仕方から説明しよう。

2　コードネームでつける低音

コードネームは和音の根音の音名がそのままコード名になっているので、低音を弾く場合はそのコードネームに書かれた音（単音）を弾けばよい。

『アイアイ』の後半を使って説明する。

『アイアイ』（後半部）のコード

9小節目はF（Fm）とあるので、ヘ音記号下第1間のFファ、10小節目Cはヘ音記号第2間のCド、11小節目はD7なのでDレ、12小節目はG7なのでヘ音記号第一線のGソを弾く。13小節目以降も同様に考えて、ドレソドと低音を弾くことができる。

12小節目の工夫として、低音をソファミレと1拍ずつ下降させ、13章節目のドにつなげることが考えられる。これはメロディーが持続音（同じ音で3拍延ばしている）で変化がないので、効果的である。同様に前

述の4小節目から5小節目も同様の工夫ができる。

　14小節目のDmは前半2小節でG₇を選んだメロディーと同じである。Dmの構成音は（レファラ）で、G₇を分割した形と考えることができる。また11小節目は基本の3つの和音の中ではFを選ぶことができる。

第4節　伴奏の工夫—その2

1　コードの伴奏

　第2節3で述べたように、和音（コード）は構成音が同じなら、その重ね方は問わない。初心者にはその曲の主和音Ⅰ度の基本形（ハ長調ならC、ト長調ならG）の近くに集めた形が、わかりやすく応用しやすいだろう。

　ハ長調のⅠ度、Ⅳ度、Ⅴ度の和音は、コードネームでいうとそれぞれCFGに当たる。

　Cの和音はハ長調ではⅠ度の和音で最も大切な主和音であるが、ヘ長調ではⅤ度の和音となり、ト長調ではⅣ度の和音となって、その役割が変化する。

　コードネームは同じでも、調によってⅠⅣⅤの役割が異なるので、コードがその曲の中の何度に当たるかを意識すると調性感のある伴奏ができる。また移調して弾くときにはⅠⅣⅤに置き換えて考えると便利である。

2　伴奏のパターン

　コードで伴奏するときには、拍子や曲想に合せて和音を分散させたり、リズムを変えたりすることが考えられる。以下その伴奏のいくつかの例を示す。

（1）右手でメロディーを弾く場合の左手の伴奏型

（2）両手で伴奏を弾く場合の伴奏型

第 15 章◆伴奏法の基礎

第 5 節　上級者の伴奏

1　楽譜を探す、楽譜を弾く

　比較的新しく作られた曲などは、演奏効果の高いすてきな伴奏が作曲者や編曲者によって作られていることが多い。発表会など公開の場で歌ったり演奏したりする場合は、このような伴奏譜を探して弾くとよい。
　楽譜がスラスラ読める力のある人でも、楽譜がないとどのようにすればよいかわからないという人も多い。メロディーの楽譜があれば和音やコード伴奏をつけて弾くことができるという能力はたいへん重要である。テレビなどではやっている子どもの好きな歌を先生がすぐに弾いてくれたら、子どもたちはいっぺんに先生が大好きになるだろう。

2　自分で作る伴奏

　ピアノを弾くことが苦にならないという人は、前述の簡単な曲に自分で和音をつけるという練習を何度かしてほしい。練習をしているうちに、さほど考えずにさっと和音が見つけられるようになるだろう。常に自分の出す音をよく聞いて、響きの合った感覚を大事にしたい。
　次にコードネームの付いている楽譜を使って、自分でコードを見つけながら弾くことを勧めたい。前述のⅠ度、Ⅳ度、V_7度以外の和音がたくさん付いている楽譜もあり、混乱することもあるかもしれないが、基

本はあくまでもこの3つであることを頭に、難しいコードは低音だけにするなど置き換えて弾くとよい。

複雑に見える和音もメロディーの関係から出てきている場合が多く、基本の3つの和音で十分間に合うことが多い。部分的に転調している場合などは、曲全体の流れをよく聞けばわかるだろう。

どんなときでも、よく音を聞いて作業を行うことが大切である。最初は時間がかかるかもしれないが、慣れればしだいに容易になる。

第4節までに示した伴奏の方法は、初心者を対象としたもので、これができたら上級者は上級者らしい伴奏をさらに工夫したい。

3 上級者の伴奏

伴奏は曲想によって変化させることが大切で、このことで伴奏の演奏効果は大きく変わる。ベタ弾き（和音や低音を1小節延ばして弾く）とリズムを刻む弾き方では、同じ和音を弾いていても全く違った印象を与える。

リズムに乗った元気のいい曲を1小節音を延ばしたままのベタ弾き伴奏で弾いていては、子どもたちのワクワク感はしぼんでしまう。また反対にしっとりと歌い上げたい曲で、リズムを細かく刻む伴奏をしたのでは、イメージが損なわれしまう。

両手による低音と和音の伴奏の基本をおさえながら、リズムとベースの工夫をすることが大切である。

また、上級者の伴奏ではできるだけ音域を広く弾くことを心がけると、豊かな安定感のある伴奏になる。

低音は低い音域にとり、メロディーを意識しながら、左手は低音を響かせながらそれ以外の指と右手を使って、和音（ハーモニー）の音を工夫して弾くようにするとよい。

4　ペダルについて

　上級者はペダルが使えるので、ピアノを弾くときにどうしてもペダルを多用しがちである。右ペダルは、音を延ばし音量を増す効果があるが、適切に用いないと逆効果を生む。ペダルを使用するうえでの最大の味方は自分の耳であり、音楽的なセンスである。

　滑らかに弾くためにペダルを多用することは適切なように思われることが多いが、一つ一つの音をレガートに弾くことはあくまで指や腕で行うようにし、ペダルはできるだけ控えるように心がけるとよい。

資料

保育者のための
実践的な教材

三小田 美稲子
宮脇 長谷子

知っておくと得する
音楽理論の基礎知識

森 薫

おはよう

新沢としひこ 作詞
中川ひろたか 作曲

とてもごきげん

1. きょうも きーみにあ ーえてう ーれしい
2. きょうも みんーなにあ ーえてう ーれしい

とてもすーてきな ー あさだね ー おはよう ー
とてもすーてきな ー あさだね ー おはよう ー

きょうの そーらはか ーがやい ーている ー
ぼくらの ーこえが ーひろがー っていく ー

すばらしいーひだね ー おはよう ー おはよう ー いつ
すばらしいーひだね ー おはよう ー おはよう ー ちょっ

かーまいた ー ちいー さなタネが ー みど
とーまえまで ー しらー ないひとが ー とも

ぞうさんのぼうし

遠藤幸三　作詞
中村弘明　作曲

1.～3. ぞうさんが　わすれていった　おおきなおおきな　ぼうし

こねこがはいって ニャン　　に ひきはいって ニャン ニャン
こぶたがはいって ブー　　　に ひきはいって ブー ブー
こだぬきがはいって ポン　　に ひきはいって ポン ポン

さんびき よんひき ニャンニャンニャンニャン　ごひきはいって ニャンニャンニャンニャン
さんびき よんひき ブーブーブーブー　　　　ごひきはいって ブーブーブーブー
さんびき よんひき ポンポンポンポン　　　　ごひきはいって ポンポンポンポン

ニャン　ギュー　ギュ！　　ギュ！　　ぞうさんが
ブー　　ギュー　ギュ！
ポン　　ギュー

わすれていった　おおきなおおきな ぼうし

バスごっこ

香山美子　作詞
湯山　昭　作曲

たのしくゆかいに（♩=126くらい）

1.〜3. おおがたバスに のってます
　　　 きっぷをじゅんに わたしてね
　　　 いろんなとこが みえるので
　　　 だんだんみちが わるいので

おとなりへ ハイ
よこむいた ア
うえむいた ア

おとなりへ ハイ
ごっ(ツ)つんこ ドン
うえむいた ア
ごっ(ツ)つんこ ドン

おとなりへ ハイ
したむいた ア
ごっ(ツ)つんこ ドン

おとなりへ ハイ
うしろむいた ア
ごっ(ツ)つんこ ドン

おわりの
おうしの
おしくら

ひとは ポケットに！
ひとは ねーむった！
まんじゅ ギュッギュッ ギュッ！

1.〜3. おおがたバスに　きっぷをじゅんにわたしてね　おとなりへ ハイ（4回くり返し）　おわりのひとは ポケットに！

2. いろんなとこが みえるので　よこむいた ア　うえむいた ア　したむいた ア　うしろむいた ア　うしろのひとは　ねーむった！

3. だんだんみちがわるいので　ごっつんこドン（4回くり返し）　おしくらまんじゅ　ギュッギュッギュッ！

※3ばんの「おしくらまんじゅ」は一音一音をテヌートで歌いましょう

資料編◆保育者のための実践的な教材

猛獣狩りにいこう

米田和正 作詞
アメリカの遊び歌

▽はリーダー　▲はみんなで

▽どんどこ どんどこ どんどこどん　▲どんどこ どんどこ どんどこどん

▽もう じゅう がり に いこう よ　▲もう じゅう がり に いこう よ

▽ライ オンなんて こわくない　▲ライ オンなんて こわくない

▽だ いじゃ なんて こわくない　▲だ いじゃ なんて こわくない

▽ゴ リラ だって こわくない　▲ゴ リラ だって こわくない

▽だって　てっぽう　もってるもん　▲だって　てっぽう　もってるもん

▽やりだって　もってるもん　▲やりだって　もってるもん

▽ともだちだって　いるもん　▲ともだちだって　いるもん

▽あっ　▲あっ　▽あっ　▲あっ　▽あっ　▲あっ　　　　（例）パンダ！

あっ！ の後、リーダーの動物名のコールで、その文字数と同じ人数のグループを作り、手拍子をする。ゾウ＝2人組　パンダ＝3人組　なまけもの＝5人組

資料編◆保育者のための実践的な教材

だしてひっこめて

作詞・作曲 不詳

だーしてひっこめて トントントン だーしてひっこめて トントントン

手の場合
①だして　両手を前に伸ばして出す
②ひっこめて　小さく引っ込める
③トントントン　拍手を3回する

足の場合
①だして　両手を腰に当てて足でピョンと前に出る
②ひっこめて　両手を腰に当てたまま両足で後ろへピョンと戻る
③トントントン　両手を腰に当てたままその場で3回ジャンプする

だーしてひっこめて トントントン だーしてひっこめて トントントン

手の場合
④だしてひっこめて…………トントントン
①②③の動作を3回繰り返す

足の場合
④だしてひっこめて…………トントントン
①②③の動作を3回繰り返す

※「上と下」「前と横」「頭とひざ」など、いろいろ変えてみるとおもしろい

あたまであくしゅ

福尾野歩　作詞
中川ひろたか　作曲

は　じめまして　ごきげんいかが　あたまであくしゅを　ギュッギュッギュッ

①はじめまして
　2人でおじぎをする。

②ごきげんいかが
　肩をたたき合ったり、握手したりする

③あたまであくしゅを　ギュッギュッギュッ
　頭をくっつけて、

ちょっとそこまで　あるきませんか　ごきげんよろしゅう　バイ　バイ　バイ

④ちょっとそこまで歩きませんか
　そのまま頭が離れないようにして歩く。

⑤ごきげんよろしゅう　バイバイバイ
　2人手を振って別れる。

※頭だけでなく、おしり・肩・ひじ・指先など、いろいろなところをくっつけてみる
※「頭とおしり」「ひじとひざ」などでもおもしろい

資料編◆保育者のための実践的な教材

てぶくろぽい

こわせたまみ　作詞
湯山　昭　作曲

5-16 楽譜3

やさしく ♩=104

D　Fdim　Em7　　F♯m/A　A7　D　　mp D　　　　G

1. さむ　けりゃ　はめ　ましょ
2. あつ　けりゃ　とり　ましょ

（1人遊び）

両手で「パー」と「グー」を交互に出す

D　E7　A　　p Bm　　Dmaj7　　mp G6　　A7

て ぶ く ろ ぽ い　　ゆび ゆび ゆび ゆび　　｛ほら ぬく い
　　　　　　　　　　　　　　　　　　　　　　 ほら ぴょこん

『ぽい』のとき
「パー」の手を上にあげる

1本ずつふやしてゆき、「パー」で
1本ずつへらしてゆき、「グー」を

円をえがいてほっぺにつける

頭につけ　ぴょこんと
耳をつける

D　Fdim　Em7　　F♯m/A　A7　　D
　　　　　　　　　mf

くま さん みた いに　　ねんね しま しょう
うさ ちゃん みた いに　　とんで み ましょう

1　　2　　　　　　1　　　　2

左右にふる　　　　ねむる　　「ぴょん」とはねる

一と一をあわせると

宮脇長谷子　採譜
ミッキーマウス・マーチ

　　いちとー　いちをー　あわせる　と

　　ピノキオの　おはなに　なるんだ　よ

① 一と一をあわせると
　ピノキオのおはなに
　なるんだよ（なるんです）

　人差し指と
　人差し指をつなげて
　鼻にもってゆく

② 二と二をあわせると
　ドナルドのおくちに
　なるんだよ

　人差し指と中指
　２本を口の前
　にもってゆく

③ 三と三をあわせると
　チップのおひげに
　なるんだよ

　人差し指、中指、薬指を
　右手は左ほほに当て、
　左手は右ほほに当てる

④ 四と四をあわせると
　ダンボのおみみに
　なるんだよ

　親指を除く４本を
　耳の横に広げる

⑤ 五と五をあわせると
　ミッキマウス
　ミッキマウス
　ミッキミッキマウス

　全部開いて頭の上にのせる

5つのメロンパン

中川ひろたか　訳詞
伊勢原市保育内容研究会　補詞
イギリスの遊び歌

Ⓐ
1. パンやにいつつの　メロンパン
2. パンやによっつの　メロンパン
3. パンやにみっつの　メロンパン
4. パンやにふたつの　メロンパン
5. パンやにひとつの　メロンパン
6. パンやにぜろの　メロンパン

Ⓑ ふんわりまるくて　Ⓒ おいしそう
Ⓙ ぜーんぶうりきれ　メロンパン

Ⓓ こどもがひとり　やってきて　Ⓔ（会話）「おばさん　Ⓕメロンパンひとつ ちょうだい」 1.～5.Ⓖ「はいどうぞ」　1.～Ⓗ メロンパンひとつ Ⓘ かってった
6.「もうないの」　6. メロンパンかえずに かえってった
Ⓚ　　　　　　　　　　　　　　　　　　Ⓛ

Ⓐ 左手指5本を出し
パンの形にふる

Ⓑ 両手でまるく
パンの形を描く
（メロンパンが
目の前に
あるように）

Ⓒ 両手を口に
もっていく
（欲しそうなしぐさ）

Ⓓ 右手人さし指を
動かしながら
体の後ろから
出す

Ⓔ 左手指5本を
ひらくと同時に
右手人さし指を
動かす

Ⓕ 右手人さし指を
左手の親指に
ふれる

Ⓖ 右手人さし指で
左手の親指を折る

Ⓗ 右手人さし指を
動かしながら

Ⓘ 体の後ろにかくす

Ⓙ 左手こぶしを
体の後ろにかくす

Ⓚ 右手を出して
「ない」と
いうように
顔の前でふる

Ⓛ 人さし指を折り
まげて残念そうに
体の後ろにかくす

知っておくと得する音楽理論の基礎知識

　ここでは、第13章で述べた音楽理論から、もう一歩踏み込んだ内容を示す。音楽理論を学ぶ際には、実際にピアノ等を使って音の響きを感じ取りながら、理解していくことが望ましい。そうすることで、実践と理論が結びつき、子どもたちとの音楽活動も豊かになるであろう。

〈第13章第1節「楽譜上のいろいろな記号」〉に関するもの

1　音階

　本文中に示した長音階、和声短音階のほかに、自然短音階と、旋律短音階がある。

　①自然短音階（ハ短調）

　②旋律短音階（ハ短調、上行・下行）

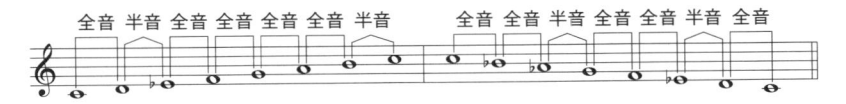

　　※旋律短音階の下行形は、自然短音階と同じである。
　　※音階中の第6音・第7音が違っていることに注意すること。また、3種の短音階を実際に弾き比べながら、その響きの特色を感じ取ることが望ましい。

〈事例〉五線譜と鍵盤を用いて長音階を作る手順
①まず、主音を設定する（例：ミ）。
②順番に計8個の音を五線譜上に並べる。（例：ミファソラシドレミ）
③鍵盤上で、作りたい音階の全音・半音の配列通りに並べる。

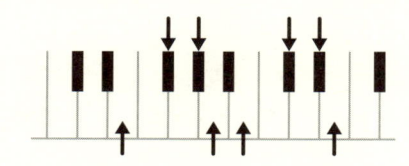

④鍵盤を見ながら、必要な変化記号を五線譜に書き込んでいく。
　例：この場合はファ、ソ、ド、レに♯をつける

2　調号

音階構成音に必要な変化記号を、楽譜の初めにまとめて示したのが調号である。各調の調号は、次のとおりである。

♯系の調		♭系の調	
ハ長調／イ短調		ハ長調／イ短調	
ト長調／ホ短調		ヘ長調／ニ短調	
ニ長調／ロ短調		変ロ長調／ト短調	
イ長調／嬰ヘ短調		変ホ長調／ハ短調	
ホ長調／嬰ハ短調		変イ長調／ヘ短調	
ロ長調／嬰ト短調		変ニ長調／変ロ短調	
嬰ヘ長調／嬰ニ短調		変ト長調／変ホ短調	
嬰ハ長調／嬰イ短調		変ハ長調／変イ短調	

※♯は、ファ・ド・ソ・レ・ラ・ミ・シの順に増えていく。
※♭は、シ・ミ・ラ・レ・ソ・ド・ファの順に増えていく。

短音階と調号

　短調の音階のうち、和声短音階と旋律短音階上行形は、音階構成音第7音が導音であり、主音との音程が半音となる。しかし調号には、このときの第7音に付ける変化記号は含まれない。
　和声短音階と旋律短音階上行形の第7音には、その都度臨時記号の♯もしくは♮をつけることが必要になる。

〈第13章第4節「和音」〉に関するもの

　ここでは、根音がド（C）の和音の主なものを示す。他の音を根音にして和音を作る際は、根音にしたい音から、次に示したとおりの音程を重ねていけばよい。

1　三和音・四和音のしくみ

　よく用いられる三和音・四和音は次のとおりである。
①長三和音
　コードネームは、音名（アルファベットのみ）で示される。下の譜例の場合はC。

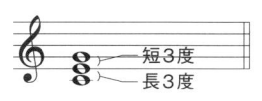

②短三和音
　コードネームは、音名＋mと示される。下の譜例の場合はCm。

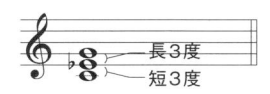

③四和音（属七の和音）　コードネームは、音名＋7と示される。この譜例の場合はC₇。

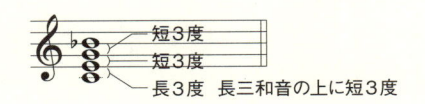

（楽譜：短3度／短3度／長3度　長三和音の上に短3度）

2　和音の機能

和音の機能には3つの種類がある。
　①トニック（Tonic／T）
　その調を代表する和音。安定感を持つ。該当する和音記号はⅠ、Ⅵ。
　②ドミナント（Dominant／D）
　構成音中に導音を含んでおり、トニックの和音に強く結びつく性質を持つ。該当する和音記号はⅤ。
　③サブドミナント（Subdominant／S）
　サブドミナントとトニックの対照的な関係の間に入り、その関係を補う役割を持つ。和声（和音の連なり）に広がりを持たせる性質がある。該当する和音記号はⅣ、Ⅱなど。

◆──【監修者紹介】
谷田貝 公昭（やたがい・まさあき）
　目白大学人間学部教授・同大学院生涯福祉研究科教授
　[主な著書]『保育用語辞典』（監修、一藝社、2006年）、『年中行事のお話55─行事の前に読み聞かせ』（監修、チャイルド本社、2009年）、『生活の自立Hand Book─排せつ・食事・睡眠・着脱・清潔』（監修、学研、2009年）、『子ども心理辞典』（共編、一藝社、2011年）ほか多数

◆──【編著者紹介】
三森 桂子（みつもり・けいこ）[第8章]
　目白大学人間学部教授
　[主な著書]『幼児と音・音楽』（ディスク・コンブ、2001年）、『子どもと保育』（共著、一藝社、2009年）、『子どもと文化』〔子ども学講座2〕（共著、一藝社、2010年）ほか多数

◆──【執筆者紹介】
浅倉 恵子（あさくら・けいこ）[第11章]
　帝京科学大学こども学部教授
今村 方子（いまむら・まさこ）[第9章・第12章]
　梅光学院大学子ども学部教授
大沢 裕（おおさわ・ひろし）[第1章]
　帝京科学大学こども学部教授
栗原 泰子（くりはら・やすこ）[第5章]
　横浜創英大学こども教育学部教授
三小田 美稲子（さんこだ・みねこ）[第14章・資料編]
　国士舘大学体育学部准教授
庄司 洋江（しょうじ・ひろえ）[第6章・第13章第5節]
　飯田女子短期大学幼児教育学科教授
仲野 悦子（なかの・えつこ）[第2章・第3章]
　岐阜聖徳学園大学短期大学部教授
宮脇 長谷子（みやわき・はせこ）[第4章・第7章・資料編]
　静岡県立大学短期大学部社会福祉学科准教授
森 薫（もり・かおる）[第13章第1節～第4節・資料編]
　東京未来大学こども心理学部助教
山本 陽子（やまもと・ようこ）[第15章]
　敬愛大学国際学部准教授
渡辺 厚美（わたなべ・あつみ）[第10章]
　東京未来大学こども心理学部講師

（五十音順、[　]は担当章）

新・保育内容シリーズ 5
音楽表現

2010年4月20日　初版第1刷発行
2012年4月1日　初版第2刷発行

監修者　谷田貝公昭
編著者　三森桂子
発行者　菊池公男

発行所　一藝社
〒160-0022　東京都新宿区新宿1-6-11
Tel. 03-5312-8890　Fax. 03-5312-8895
E-mail : info@ichigeisha.co.jp
HP : http://www.ichigeisha.co.jp
振替　東京 00180-5-350802
印刷・製本　シナノ書籍印刷

〈JASRAC 出 1003811-001〉
©Masaaki Yatagai 2010 Printed in Japan
ISBN 978-4-86359-018-2
乱丁・落丁本はお取り替えいたします

一藝社の本

新・保育内容シリーズ［全6巻］
谷田貝公昭◆監修
《新しい「幼稚園教育要領」「保育所保育指針」に対応した新シリーズ》

1 健康
高橋弥生・嶋﨑博嗣◆編著

A5判　並製　248頁　定価（本体2,000円＋税）　ISBN 978-4-86359-014-4

2 人間関係
塚本美知子・大沢 裕◆編著

A5判　並製　240頁　定価（本体2,000円＋税）　ISBN 978-4-86359-015-1

3 環境
嶋﨑博嗣・小櫃智子・照屋建太◆編著

A5判　並製　232頁　定価（本体2,000円＋税）　ISBN 978-4-86359-016-8

4 言葉
中野由美子・神戸洋子◆編著

A5判　並製　248頁　定価（本体2,000円＋税）　ISBN 978-4-86359-017-5

5 音楽表現
三森桂子◆編著

A5判　並製　256頁　定価（本体2,000円＋税）　ISBN 978-4-86359-018-2

6 造形表現
おかもとみわこ・大沢 裕◆編著

A5判　並製　232頁　定価（本体2,000円＋税）　ISBN 978-4-86359-019-9

ご注文は最寄りの書店または小社営業部まで。小社ホームページからもご注文いただけます。

一藝社の本

子ども学講座［全5巻］
林 邦雄・谷田貝公昭◆監修

《今日最大のテーマの一つ「子育て」――
子どもを取り巻く現状や、あるべき姿についてやさしく論述》

1 子どもと生活
西方 毅・本間玖美子◆編著

A5判　並製　224頁　定価（本体1,800円＋税）　ISBN 978-4-86359-007-6

2 子どもと文化
村越 晃・今井田道子・小菅知三◆編著

A5判　並製　224頁　定価（本体1,800円＋税）　ISBN 978-4-86359-008-3

3 子どもと環境
前林清和・嶋﨑博嗣◆編著

A5判　並製　216頁　定価（本体1,800円＋税）　ISBN 978-4-86359-009-0

4 子どもと福祉
髙玉和子・高橋弥生◆編著

A5判　並製　224頁　定価（本体1,800円＋税）　ISBN 978-4-86359-010-6

5 子どもと教育
中野由美子・大沢 裕◆編著

A5判　並製　224頁　定価（本体1,800円＋税）　ISBN 978-4-86359-011-3

ご注文は最寄りの書店または小社営業部まで。小社ホームページからもご注文いただけます。